VINCENZO IAVAZZO

PRESS ADVERTISING

Pubblicizzare un Sito E-Commerce su Giornali e Riviste Offline

Titolo
"PRESS ADVERTISING"

Autore
Vincenzo Iavazzo

Editore
Bruno Editore

Sito internet
www.BrunoEditore.it

Sommario

Introduzione 5
Giorno 1: Web Marketing senza Concorrenza 7
Giorno 2: Creare Rendite con le Affiliazioni 29
Giorno 3: Realizzare Annunci Vincenti 51
Giorno 4: Creare Facilmente Layout Pubblicitari 95
Giorno 5: Investire dopo aver Guadagnato 119
Giorno 6: Fare Soldi con Annunci Online 143
Giorno 7: Guadagnare di più con la propria Attività 157
Giorno 8: Article Marketing 174
Conclusione 192
Azione 194

Introduzione

Caro amico, ti ringrazio per aver scelto questo libro elettronico per la Crescita Finanziaria. Sono sicuro che ne rimarrai pienamente soddisfatto, specialmente dopo aver messo in pratica le tecniche illustrate nei prossimi capitoli.

Con le strategie spiegate in questo ebook, riuscirai ad entrare in un business che ha visto nascere le più grandi tecnologie di marketing e si classifica ancora oggi tra i mezzi di pubblicità più efficienti.

Grazie a questa guida, hai a disposizione: l'idea, il punto di partenza, gli strumenti, la soluzione ai problemi, le strategie, i trucchi ed i segreti per "trasformare" milioni di persone in visitatori e clienti. Scoprirai come iniziare a guadagnare ancor prima di investire. Risparmierai, inoltre, tantissimo tempo ed errori che io stesso ho fatto, dopo anni di studi e ricerche.

Fiducioso in un tuo massimo impegno nell'applicazione delle tecniche indicate nei prossimi capitoli, sono fiducioso che i risultati saranno superiori alle tue aspettative.

Buon Lavoro!

Vincenzo Iavazzo

GIORNO 1:
Web Marketing senza Concorrenza

"Partecipare al mercato del web". Ecco cosa fanno gli addetti al web marketing di un sito internet. Essi si occupano delle strategie e delle tecniche di vendita di un servizio o di un prodotto pubblicizzato o venduto su un sito web.

Si tratta di un lavoro che negli ultimi tempi sta diventando sempre più difficile. Soprattutto se il prodotto che intendi pubblicizzare riguarda l'argomento più quotato in rete: la Crescita Finanziaria. Visto che ti sei interessato a questa guida, immagino che tu abbia visitato centinaia di siti web che trattano questo argomento: fare soldi, guadagnare denaro con il web, creare rendite online ecc.

D'altronde, nel mondo di internet, non sono pochi i casi di persone comuni divenute miliardarie con il proprio sito web.

- Larry Page e Sergey Brin, fondatori del motore di ricerca Google;

- Pierre M Omidyar, il creatore di eBay;
- Jeffrey P Bezos che ha realizzato Amazon, il famoso sito di commercio elettronico.

Tantissimi altri casi riguardano coloro che già possiedono un lavoro, e dedicano un po' di tempo al giorno a internet, per ottenere una rendita di denaro extra (che mediamente si aggira dai 300€ ai 10.000€ al mese). Quest'ultimo caso può essere alla portata di tutti. Per far soldi con Internet non devi essere un esperto di Economia o di Marketing. Devi semplicemente seguire questa regola: **affidarti ad aziende competenti**. Questa regola è fondamentale. Infatti, se decidi di avviare un'attività su internet senza avere le esperienze professionali adatte, rischi di perdere tempo e soldi.

SEGRETO n. 1: Per realizzare con successo una crescita economica devi affidarti ad aziende competenti.

Guadagnare denaro con internet fa gola a parecchie persone, che sono stanche del proprio lavoro ed hanno voglia di sfondare. A chi è che non piacerebbe avere un sito web generatore di soldi?

Avere un sistema di rendite automatiche, in cui l'unico scopo è quello di contare soldi? Questo sistema è molto fattibile. In fondo un sito web di e-commerce potrebbe essere paragonato ad un negozio virtuale aperto 24 ore su 24 e 7 giorni su 7, senza che tu abbia spese di personale, di affitto, luce, telefono ecc. Tutto questo non è un sogno. Creare una rendita automatica è l'obiettivo principale illustrato nei prodotti per la Crescita Finanziaria della Bruno Editore. Molte persone hanno realizzato questo sogno nel cassetto, e molto probabilmente la prossima persona sarai proprio tu.

SEGRETO n. 2: Un sito di e-commerce rappresenta un'ottima soluzione per migliorare la crescita finanziaria.

Naturalmente non tutti riescono a raggiungere eccellenti obiettivi economici. I pilastri fondamentali per ottenere una rendita economica sono:

- Impegno;
- Determinazione;
- Strategie Giuste.

Se uno di questi fattori risulta mediocre o se addirittura manca, preparati ad ottenere risultati scadenti. Lascia perdere inoltre le tecniche di web marketing vecchie e scarse, come fare soldi rispondendo ai sondaggi, utilizzare le barre pubblicitarie ecc. Sono tutti sistemi che ti impegnano un'intera giornata davanti al computer, per guadagnare al massimo 40 euro al mese. Le altre tecniche di web marketing, molto più efficaci, sono basate su pay per click e posizionamento nei motori di ricerca (SEO). In questi metodi, però, è presente un'altissima concorrenza e, se non ti affidi a prodotti competenti, rischi di non guadagnare neanche un centesimo. Anzi, rischi di perdere addirittura soldi in campagne pubblicitarie inefficienti.

SEGRETO n. 3: Una crescita finanziaria esige di base l'impegno, la determinazione e le giuste strategie.

Allora, come fare per trovare tecniche di web marketing efficaci con una concorrenza bassa? La risposta ti viene data da questa guida. Come illustrato in precedenza, l'ideale è realizzare un negozio virtuale, cioè un sito web di commercio elettronico. Esso, grazie ai vantaggi elencati in precedenza, è tre volte più efficiente di un vero negozio. Esso deve comunque essere pubblicizzato con tecniche di “vecchio stampo”, cioè che non appartengono al mondo di internet, che è un mondo pieno di concorrenti. Come si capisce dal titolo dell’ebook che hai acquistato, la tecnica proposta è il press advertising, la pubblicità giornalistica.

Perché adottare la pubblicità giornalistica per un sito di e-commerce?

Ecco alcune buone ragioni. Innanzitutto, come indicato in precedenza, la concorrenza è assai inferiore rispetto alle tecniche di web marketing tradizionali: pay per click, SEO ecc.

Anche se non sembra, i costi sono molto più ragionevoli rispetto al diffusissimo metodo “pay per click”. Questo metodo consiste nel pubblicizzare il prodotto da vendere su un motore di ricerca, tipo Google, con un annuncio sponsorizzato. Viene poi indicato poi con quali parole deve apparire il tuo annuncio, ad esempio: tv, televisori, monitor ecc. Quindi, ogni volta che viene cliccato il tuo annuncio, paghi un costo prestabilito. Purtroppo non si realizza una vendita con un solo click, ce ne vogliono tanti ed a causa dell'elevata concorrenza, i costi della pubblicità possono superare il guadagno. Un'altra ottima ragione è che con la pubblicità giornalistica, le possibilità sono praticamente illimitate. Le campagne pubblicitarie, sia pay per click, sia SEO, hanno alla base i motori di ricerca, ma i più diffusi sono sempre gli stessi: Google, Yahoo ecc. Invece, con la pubblicità giornalistica, i mezzi sono davvero tanti, basti pensare all'elevata quantità di famosi quotidiani, riviste di annunci economici, settimanali, bisettimanali, mensili, bimestrali e riviste di ogni genere.

C'è, inoltre, da considerare un concetto fondamentale sulla pubblicità giornalistica: l'**affidabilità**. Oggi come oggi, chiunque può promuovere un prodotto su internet. Avviare una campagna di pubblicità, con annunci a pagamento, è un'operazione che può eseguire chiunque, in cinque minuti. E purtroppo, questo che può sembrare un vantaggio, porta ad una facilissima realizzazione di truffe informatiche e al proliferare di persone che vendono prodotti di bassa qualità. Quindi, giustamente, il visitatore tende a tentennare sull'affidabilità di questo metodo. Inoltre, in Italia, si è ancora un po' diffidenti sugli acquisti online, ci sono ancora molte persone che tendono a preferire gli acquisti nel negozio sotto casa. Questo non significa che nella pubblicità giornalistica non si verifichino truffe, ma essa fornisce una maggiore affidabilità proprio perché il lettore ritiene che la sua importanza sia maggiore. Questa percezione si basa sul fatto che questo tipo di pubblicità presenta costi più elevati, oltre ad essere più complicato e lungo. Tutti fattori che trasmettono fiducia al potenziale cliente.

SEGRETO n. 4: La pubblicità giornalistica trasmette maggiore affidabilità e sicurezza rispetto a quella su internet.

Penso di averti dato delle risposte convincenti. Ora non resta altro che fare come i nostri antenati che hanno ottenuto l'utilissimo bronzo dalla fusione di rame e stagno; uniamo le due potenze: l'e-commerce con la pubblicità giornalistica, otterremo una Rendita Straordinaria.

SEGRETO n. 5: Abbina il commercio elettronico alla pubblicità giornalistica per ottenere risultati eccellenti.

Nato a Lipsia nel 1660, il primo giornale segnò l'inizio della diffusione di informazione su carta. Il termine "giornale" deriva dalla parola "giorno", infatti stava a significare la periodicità della sua pubblicazione. Da molto tempo non è più così, visto che, a seconda del periodico, la pubblicazione può essere giornaliera, settimanale, mensile o altro.

Anche se il giornale è il mezzo più antico per la diffusione di informazioni (visto che ha visto nascere il cinema, il telegrafo, il telefono, la radio, la televisione fino ad arrivare ad internet), tutta la tecnologia successiva, quali giornali online, videofonini ecc, non è riuscita ad offuscare il vecchio e caro giornale cartaceo. Infatti, ancora oggi sono decine di milioni le copie stampate ogni giorno.

Anzi, anche nel campo giornalistico si è verificato un progresso, poiché -oltre alle più conosciute forme giornalistiche- si sono diffuse, con grande successo, le nuove generazioni:

- i giornali aziendali, che sono rivolti sia ai dipendenti dell'azienda stessa, sia ai loro clienti;
- i tanto diffusi free-press, cioè i giornali a distribuzione gratuita.

E proprio sui free-press che voglio farti soffermare un minuto. Un giornale comporta enormi spese come ad esempio la stampa, la carta, la retribuzione dei giornalisti, le spese per gli altri addetti ai lavori, la distribuzione. Eppure il loro successo è in continuo aumento, tant'è vero che alcuni di questi giornali vantano una tiratura di oltre un milione di copie al giorno. Allora, come fanno le redazioni a sostenere le spese ed ad ottenere guadagni elevati? La risposta sta nella **pubblicità**.

Avrai capito che dietro questo termine si nasconde una grandissima opportunità di guadagno. Non è certo economico stampare più di un milione di copie al giorno di un quotidiano, distribuirlo ad altrettante persone, pagare i giornalisti e affrontare le altre spese se non ci sono dei guadagni da qualche parte. È la pubblicità che riesce ad affrontare tali spese e rende inoltre in un modo straordinario.

Poi c'è un altro ragionamento da fare. Se il successo dei free-press cresce di giorno in giorno, vuol dire che c'è un'ottima richiesta di pubblicità, pertanto ci saranno tante aziende e ditte individuali che ne richiedono il servizio. Ma a loro volta, perché ne fanno uso? È molto semplice: perché la pubblicità accresce i loro guadagni. Infatti si basa sul fatto che oltre ad informare le persone dell'esistenza di un prodotto o di un servizio, riesce ad influenzare le scelte dei lettori. E lo fa, naturalmente, motivandoli con le dovute tecniche.

SEGRETO n. 6: Una buona campagna pubblicitaria riesce ad influenzare le scelte e determina gli acquisti.

Quindi un'azienda, un commerciante o chiunque altro, sa che facendo conoscere e motivando più di un milione di lettori al giorno ad acquistare il proprio prodotto o servizio, **moltiplica le sue vendite** e diventa più ricco.

Come ti spiegavo in precedenza, c'è una richiesta continua del servizio, perché c'è un ricavo per tutti: la redazione che guadagna dalle aziende che richiedono la pubblicità, l'azienda che guadagna con gli acquisiti fatti dai lettori.

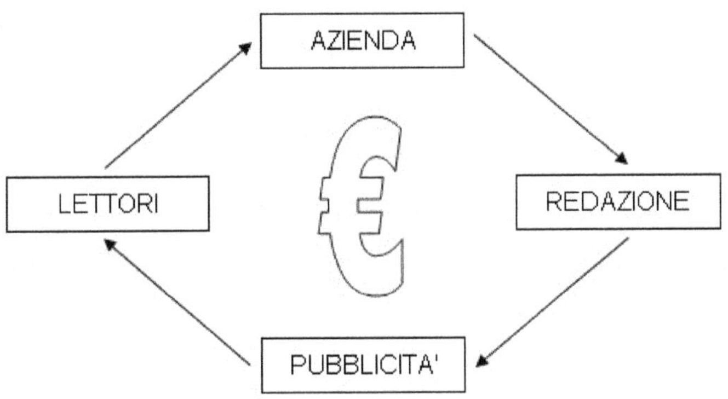

Non tutte le persone fanno una campagna pubblicitaria per la propria attività. Alcuni ritengono che sia inutile, altre pensano che sia meglio tenere i soldi per sé, altri, invece, credono che si tratti di un investimento perso, perché sono incompetenti in materia. Quest'ultima parte è vera, ma non solo nel mondo della pubblicità giornalistica: in tutto.

Personalmente, ho sempre deciso di **affidare** la mia formazione ad aziende o persone competenti. È la soluzione ottimale in tutto, dalle piccole cose a quelle più grandi. Ad esempio, se ho intenzione di imparare a giocare a bowling in maniera professionale, cosa faccio? Vado in pista un paio di volte a settimana e comincio a far pratica e a esercitarmi con un amico. Che succede? Dopo un anno riesco a fare 6 strike su 10. Magari un'altra persona più sensata avrebbe delegato l'incarico a un istruttore. Risultato: in un mese sarebbe riuscito a fare 9 strike su 10. In questo caso, anche se avesse speso 200€ per un istruttore, avrebbe comunque risparmiato tantissimi soldi, perché avrebbe affittato la pista 90 volte in meno!

Questo esempio serve per farti capire una cosa fondamentale: in qualsiasi situazione, **imparare da solo non è consigliabile**, perché è inefficace e fa inoltre perdere soldi e tempo.

E questo ragionamento vale soprattutto nel mondo del lavoro. Giocare a bowling è un hobby, ma lavorare è un dovere, necessario per portare avanti la moglie, i figli, la casa.

SEGRETO n. 7: Affidare la formazione ad aziende competenti consente un risparmio di tempo e denaro e accresce l'efficacia.

Personalmente, grazie al fatto che ho sempre affidato la mia formazione ad aziende competenti, sono riuscito a ottenere degli ottimi risultati economici. Se oggi ho raggiunto una rendita economica extra, è perché un bel giorno ho deciso di non usare più sistemi che reputo inefficienti per fare soldi su internet, come rispondere ai sondaggi e sfruttare le barre pubblicitarie. E siccome ero competente in materia di crescita economica nella stessa misura in cui sono competente di bowling, ovvero **zero**, ho delegato la mia formazione all'azienda numero uno in materia: la Bruno Editore.

E tu cosa hai deciso? Di imparare da solo, e di conseguenza perdere anni di studio e soldi in investimenti sbagliati, oppure di affidare la tua formazione agli esperti della crescita finanziaria, ottenendo risultati concreti in poche ore?

Scegliendo la Bruno Editore hai già fatto la scelta giusta, e stai leggendo una tra le guide più importanti per la crescita economica.

Visto che hai scelto di entrare in questo favoloso e redditizio mondo della pubblicità giornalistica, partiamo dalla base. I giornali vengono suddivisi principalmente in: quotidiani e riviste. I quotidiani vengono stampati e distribuiti ogni giorno. Data la loro frequenza giornaliera, trattano principalmente le notizie di cronaca. Ma non solo, essi trattano anche di economia, sport, gossip, programmi tv ecc. Come già accennato in precedenza, in questa categoria di giornali sono molto diffusi i free-press, cioè i periodici a distribuzione gratuita che si finanziano grazie alla pubblicità.

Le riviste, a differenza dei quotidiani, non vengono pubblicate ogni giorno, ma ciascuna possiede una propria frequenza di pubblicazione: bisettimanale, settimanale, quattordicinale, mensile, bimestrale, trimestrale, annuale. Data la loro frequenza di diffusione più bassa, non trattano principalmente argomenti di cronaca, ma spesso si specializzano in un determinato settore come auto, casa, hobby, scienze, economia ecc.

Particolare importanza per il tuo scopo, hanno le riviste di annunci economici, cioè quei giornali che diffondono inserzioni di compra-vendita di auto, moto, case, servizi e altro inviati dai vari lettori. Essi possono pubblicare gli annunci in forma gratuita o a pagamento, in base alle caratteristiche di rilievo.

Se provieni dal mondo della pubblicità online, sei a conoscenza di concetti quali: costo per click, click-through rate, impression. Nella pubblicità offline, in particolare in quella giornalistica, troverai altri parametri fondamentali:

- Profilo
- Tiratura
- Readership
- Diffusione
- Lettori
- Listini
- Formati
- Dati tecnici

Il **profilo** indica una descrizione generale del giornale: fondazione, notizie trattate, numero di pagine, redazione, direttore ecc. La **tiratura** rappresenta un parametro molto importante, poiché indica il numero di copie del giornale stampate. Ancora più importante è la **readership**, cioè il numero di lettori. In genere la readership è superiore alla tiratura, per un motivo molto semplice: quando una persona acquista un giornale, non sarà l'unico a leggerlo, probabilmente lo vedrà qualcun altro. Per determinare la readership, le redazioni si affidano a società esterne che periodicamente effettuano opportune indagini per individuare il numero dei lettori e, in base a questo parametro, calcolano il costo della pubblicità. Nel tuo caso, con la readership, puoi calcolare le impressioni del tuo prodotto o del tuo servizio in vendita.

La **diffusione** indica come vengono ripartite le distribuzioni del giornale nelle varie aree territoriali, come regioni e città. Questo parametro, espresso in percentuale, è fondamentale se intendi avviare una campagna pubblicitaria locale piuttosto che nazionale.

Il profilo dei **lettori** indica dettagliatamente informazioni statistiche, calcolate con delle indagini, di coloro che leggono un giornale. Esso ti fornisce alcuni parametri indispensabili per capire in quale testata giornalistica pubblicizzare il tuo prodotto o servizio. Normalmente un buon report deve fornire i seguenti dati, espressi in percentuale:

- sesso *maschio e femmina*
- età *divise in fasce*
- titolo di studio *elem., media, dipl., laurea, nessuno*
- professione *calcolate su almeno 10 categorie*
- posizione economica *bassa, media e alta*
- posizione geografica *divisa in fasce*

I **listini** dei prezzi indicano il costo di un singolo modulo pubblicitario, relativo a quel determinato giornale. Un modulo è la parte più piccola di uno spazio pubblicitario. Il prezzo di un modulo varia secondo diversi criteri:

- Il tipo di pubblicità (locale o nazionale);
- Tiratura e importanza del giornale;
- Costo diverso per pubblicità politica o per aste giudiziarie;
- È uno spazio pubblicitario contenuto in un supplemento;
- Posizione nel giornale (1° pagina, ultima pagina oppure determinate rubriche).

I formati indicano le combinazioni possibili di raggruppamenti dei moduli. Ad esempio c'è il fondo pagina, la pagina intera, la doppia pagina intera, doppia mezza pagina e tanti altri svariati formati:

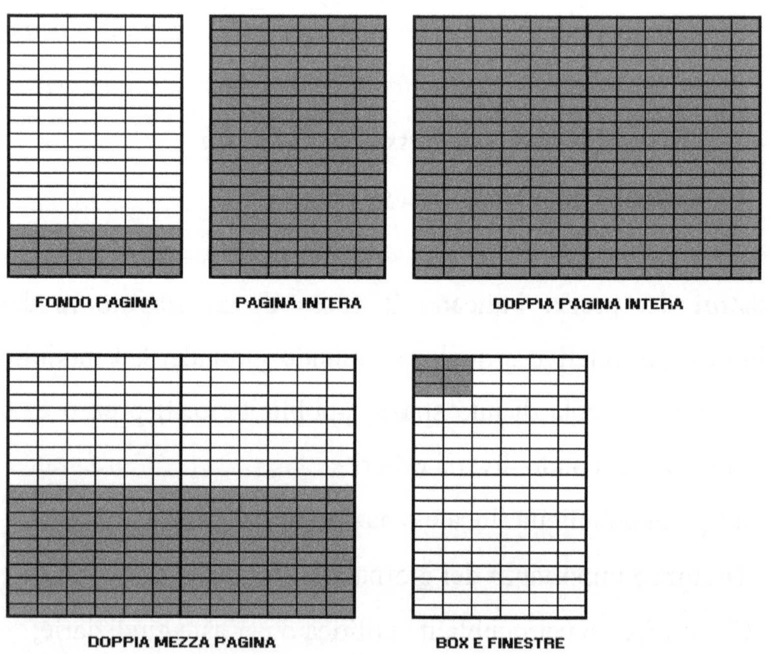

I **dati tecnici** indicano le caratteristiche che devono avere i file contenenti la locandina pubblicitaria. I più diffusi sono i file di photoshop e quelli in formato pdf, ma questa parte viene spiegata in dettaglio nel capitolo 4.

SEGRETO n. 8: I parametri fondamentali della pubblicitaria giornalistica sono: Profilo, Tiratura, Readership, Diffusione, Lettori, Listini, Formati e Dati tecnici.

Come già accennato in precedenza, lo scopo della tua campagna pubblicitaria giornalistica non è solo quello di informare i lettori dell'esistenza di un prodotto o di un servizio, ma anche di influenzarli nell'acquisto, motivandoli con le dovute tecniche. Per fare ciò devi innanzitutto studiare il tuo **target**, che è un concetto fondamentale per tutte le campagne pubblicitarie. Il target, che tradotto significa "bersaglio", indica l'insieme delle persone che possono essere interessate al tuo prodotto o al tuo servizio. Pertanto è necessario che la tua campagna pubblicitaria sia indirizzata ai lettori più propensi all'idea di acquisto.

SEGRETO n. 9: La ricerca e la definizione di un target determina l'efficacia di una campagna pubblicitaria.

Ad esempio, se vuoi pubblicizzare la tua concessionaria d'auto presente a Palermo, il tuo target ottimale è quello della Sicilia. È inutile fare pubblicità anche in un giornale di Torino. Sprecheresti solo i soldi, perché difficilmente qualcuno fa tanti chilometri per acquistare un'automobile!

RIEPILOGO DEL CAPITOLO 1:

- SEGRETO n. 1: Per realizzare con successo una crescita economica devi affidarti ad aziende competenti.
- SEGRETO n. 2: Un sito di e-commerce rappresenta un'ottima soluzione per migliorare la crescita finanziaria.
- SEGRETO n. 3: Una crescita finanziaria esige di base l'impegno, la determinazione e le giuste strategie.
- SEGRETO n. 4: La pubblicità giornalistica trasmette maggiore affidabilità e sicurezza rispetto a quella su internet.
- SEGRETO n. 5: Abbina il commercio elettronico alla pubblicità giornalistica per ottenere risultati eccellenti.
- SEGRETO n. 6: Una buona campagna pubblicitaria riesce ad influenzare le scelte e determina gli acquisti.
- SEGRETO n. 7: Affidare la formazione ad aziende competenti consente un risparmio di tempo e denaro ed accresce l'efficacia.
- SEGRETO n. 8: I parametri fondamentali della pubblicitaria giornalistica sono: Profilo, Tiratura, Readership, Diffusione, Lettori, Listini, Formati e Dati tecnici.

- SEGRETO n. 9: La ricerca e la definizione di un target determina l'efficacia di una campagna pubblicitaria.

GIORNO 2:
Creare Rendite con le Affiliazioni

Dopo lunghi studi, e soprattutto in seguito ad azioni "pratiche" sul campo, non solo da me, ma anche dai più grandi esperti di Web Marketing, è risultato che **il modo più veloce e redditizio per fare soldi su internet consiste nell'aderire a un programma di affiliazione**.

Anche se probabilmente già sai di cosa sto parlando, parto comunque dall' ABC, in modo da essere certo di non tralasciare gli aspetti salienti. Un programma di affiliazione è un'opportunità offerta da un sito internet, che offre una commissione per ogni vendita di un suo prodotto o servizio che tu hai pubblicizzato. Il vantaggio dei programmi di affiliazione è che devi occuparti solo della vendita, il resto è a carico dell'affiliante: la gestione del sito internet, i pagamenti, l'assistenza ai clienti, le spedizioni.

SEGRETO n. 10: Con i programmi di affiliazione guadagni velocemente e non hai incarichi commerciali.

Naturalmente, per vendere un prodotto o un servizio, devi promuoverlo con le dovute tecniche. In precedenza ho già accennato a un possibile sistema per la vendita e la promozione di prodotti e servizi, cioè sfruttare il sistema di annunci sponsorizzati di Google Adwords.

Come ho già spiegato, trattandosi del motore di ricerca numero uno al mondo, c'è un'elevata concorrenza e rischi che i guadagni ottenuti con le commissioni siano inferiori alle spese di pubblicità, causando un investimento perdente. Perciò se sei interessato ad approfondire il ramo del "pay-per-click" non imparare da solo (come col bowling!), risparmia tempo e soldi con una formazione adeguata. Ti consiglio, pertanto, di leggere l'ebook Fare Soldi Online con Google che spiega le strategie e la formula segreta per essere primo su Google Adwords e spendere al massimo 5 o 10 centesimi per click.

Tralasciando la pubblicità online, già ti ho offerto una soluzione ottimale per pubblicizzare un tuo prodotto a cui sei affiliato: la pubblicità giornalistica. Questo sistema è abbastanza originale nell'ambito dei programmi di affiliazione. Non voglio dire di essere il primo ad averlo testato, ma in giro certamente non ho ancora visto qualcuno che sfrutti al meglio questo potentissimo mezzo per pubblicizzare un prodotto di Bruno Editore, il programma di affiliazione numero uno in Italia.

Benché ci sia poca concorrenza, non significa che fare tutto da soli sia facile. Anche in questo campo puoi facilmente fare "investimenti persi". Inoltre, a differenza della pubblicità online, il discorso è un po' più complicato. Ma, fortunatamente per te che hai scelto questa guida, hai a disposizione le istruzioni, i trucchi e le strategie segrete per avere successo in questo business.

I programmi di affiliazione in generale sono: facili, gratuiti e rapidi. Ma prima devi occuparti di un'operazione estremamente scrupolosa: **scegliere quelli giusti**. Attraverso i motori di ricerca puoi trovare centinaia di programmi di affiliazione, ma è meglio seguire alcune regole, poiché in rete non mancano di certo le società inaffidabili.

Nel blog del ing. Giacomo Bruno c'è una pagina dedicata alla Guida ai Programmi di Affiliazione. Questa sezione spiega che per riconoscere un buon programma di affiliazione, devi porti sei domande:

1) I prodotti che rivendo sono di alta qualità?
È importante che tu creda nel prodotto che vendi, altrimenti non riuscirai ad essere convincente.

2) L'azienda è seria e professionale?
La professionalità di un'azienda è doppiamente importante: sia per la qualità dei suoi prodotti, sia per evitare fregature! Sono tante le aziende che sono "scappate con i soldi". Controlla sempre la storia dell'azienda, da quanti anni è in piedi, se ha la Partita Iva in home page (è obbligatoria per legge).

3) Mi danno le statistiche in tempo reale?
La cosa più importante, necessaria per verificare l'affidabilità di un programma di affiliazione, è che abbia un pannello di controllo che indichi una serie di informazioni dei visitatori che hai portato sul sito: numero di click ricevuti, acquisti effettuati, stato dei pagamenti. In questo modo, hai pure la possibilità di "testare" il programma di affiliazione, controllando se col tempo si incrementino i parametri indicati. Oppure potresti provare ad

acquistare tu stesso un prodotto per verificare che ti venga attribuita la provvigione.

4) Le vendite valgono anche tra un mese?
Molte aziende contano le tue commissioni di vendita, solo se il cliente compra subito dopo aver cliccato sul tuo link di affiliato. Ma cosa succede se il cliente ci pensa qualche giorno e compra dopo una settimana? O dopo un mese? Perdi la commissione! Quindi, cerca solo programmi che ti garantiscono il cliente per almeno 30 giorni (o ancora meglio 1 anno).

5) Mi danno una percentuale almeno del 20%?
L'affiliazione in Italia è messa così male che la maggior parte delle aziende ti riconosce meno del 10%. Questo rende impossibile avere margini di guadagno soddisfacenti. Cerca programmi che ti offrano almeno il 20-30%. Come già ti ho spiegato in precedenza, rischi che le spese superino i guadagni.

6) Hanno un catalogo di almeno 30/40 prodotti?
Quando tu mandi un visitatore su un sito, questa persona deve poter scegliere in un catalogo ampio, altrimenti non trova il

prodotto che fa per lui. E se anche lo trova, poi cosa succede? L'azienda si tiene il cliente, ma tu non fai altre vendite perché non ci sono altri prodotti da pubblicizzare!

7)Ultima domanda: è Gratis?
Scegli programmi di affiliazione gratuiti e senza obblighi, in questo modo puoi provare se funziona bene senza perdere nulla!

SEGRETO n. 11: Un buon programma di affiliazione deve soddisfare i seguenti requisiti: qualità, professionalità, statistiche aggiornate, durata cliente, provvigioni alte, ampio catalogo e gratuità.

Il più completo ed affidabile programma di affiliazione su internet è sicuramente quello di eBay, il noto sito di aste online.

L'affiliazione con eBay, la cui iscrizione è semplice e gratuita, prevede un guadagno fino a 25€ per ogni persona che porti sul sito, se diventa un utente registrato attivo, cioè che se fa almeno un'offerta per un'asta online o acquista un oggetto in formato "compralo subito" entro 30 giorni dalla sua registrazione. Inoltre guadagni fino a 0,20 euro per ogni offerta per un'asta online o per ogni acquisto in formato "compralo subito" proveniente dal tuo sito, sia che si tratti di un utente già registrato, sia che si tratti di uno nuovo.

SEGRETO n. 12: Il programma di affiliazione di eBay è gratis, completo ed affidabile.

Effettuata la registrazione, è possibile scaricare banner e link pubblicitari. Questi presentano il tuo codice di affiliazione, per identificarti su eBay quando porti un utente, ad esempio:

http://clk.tradedoubler.com/click?p=1699&**a=1434410**&g=0

eBay fornisce link pubblicitari per l'intero sito, per una categoria specifica o per un singolo prodotto. Visto che il programma di affiliazione di eBay è completo, e visto che guadagni praticamente su ogni categoria di oggetti in asta e in modalità "compralo subito", e, infine, considerando che su questo sito si vende tutto (ad esclusione della categoria degli oggetti vietati), hai un target praticamente infinito. Infatti, ogni giorno, tra aste online e compralo subito, sono esposti quasi un milione di prodotti che puoi pubblicizzare!

Come avrai notato, questo programma di affiliazione, a differenza degli altri, ti riconosce provvigioni fisse e non su percentuali. Quindi un sistema semplice ed eccezionale per guadagnare con questo programma di affiliazione, consiste nel **pubblicizzare i prodotti più economici**, poiché un visitatore li acquista quasi sicuramente, soprattutto se si tratta di prodotti che costano un solo centesimo di euro (se ne trovano a migliaia).

SEGRETO n. 13: Pubblicizza i prodotti di eBay più economici, poiché l'affiliazione si basa su provvigioni fisse.

Ti faccio un esempio pratico: scegli una categoria sulla home page di eBay (tipo Telefonia e Cellulari) e una sottocategoria (tipo Nokia). Quando vedi l'elenco dei prodotti in vendita devi cliccare sul campo "Prezzo" affinché il sito pone gli oggetti in ordine di prezzo crescente, cioè a partire da quello più economico.

Su eBay è possibile trovare cellulari all'asta a partire dal prezzo di un centesimo di euro. Immagina quanto puoi guadagnare con una pubblicità tipo: *"Incredibile! Cellulari NOKIA a partire da 1 centesimo!"*. Il programma di affiliazione di eBay, si appoggia al sito TradeDoubler che raccoglie tanti altri programmi di marchi molto conosciuti: Apple, Toshiba, HP, Meetic Italy, Sky ecc

Anche in questo caso, hai moltissime possibilità, puoi, ad esempio, pubblicizzare l'ultimo modello degli IPOD della Apple, con un annuncio simile:

"Compra il tuo iPod direttamente dalla Casa Costruttrice. Forti Sconti e Spedizione Gratuita".

I marchi a cui puoi affiliarti sono tantissimi ed in continua crescita, quindi anche in questo caso hai un vasto target.

SEGRETO n. 14: TradeDoubler raccoglie i programmi di affiliazione dei più noti prodotti di marche.

Un altro sito che raccoglie molti altri programmi di affiliazione è quello di AlVerde.

Questo sito Italiano raccoglie centinaia di programmi di affiliazione di ogni genere.

Abbigliamento ed intimo (6)	Affiliazioni multiple (4)
Articoli per la casa (4)	Articoli sportivi (8)
Assicurazioni (2)	Automobili (9)
CD e DVD (12)	Cibi e Bevande (11)
Computer, accessori e hi-tech (33)	Consulenza legale e fiscale (4)
Fiori e piante (2)	Foto e stampe (12)
Gadget (5)	Giochi e scommesse (9)
Gioielli (4)	Hosting (33)
Incontri online (13)	Libri e riviste (15)
Loghi, Suonerie, MP3 (2)	Motori di ricerca (7)
Network di affiliazioni (10)	Pay per click, impression e popunder (15)
Prodotti cosmetici (5)	Prodotti immobiliari (5)
Prodotti per ufficio (5)	Promozione siti web (11)
Salute, diete e fitness (11)	Servizi bancari e finanziari (11)
Servizi telefonici (16)	Servizi web (26)
Software (16)	Varie (46)
Viaggi e vacanze (35)	

Come vedi, anche in questo caso hai tantissime possibilità, tra cui i programmi di affiliazione relativi ai "Logo e Suonerie" per cellulari, adattissimi a un target giovanile.

SEGRETO n. 15: Il sito AlVerde raccoglie tantissimi programmi di affiliazione consentendo un elevato target.

Un altro programma di affiliazione, molto affidabile e molto redditizio, è quello di PayPal. Questo sito è fortemente utilizzato nell'e-commerce, perché consente di effettuare pagamenti su eBay o su altri negozi online. Registrandosi gratuitamente, viene aperto un conto virtuale, dopodiché è possibile effettuare o ricevere pagamenti, con carte di credito Visa e MasterCard e con carte prepagate dei circuiti Visa Electron.

PayPal è nata nel 2000, e a partire dall'ottobre del 2002 è stata acquisita da eBay. Attualmente questo servizio è disponibile in 190 paesi del mondo e vanta circa 123 milioni di conti attivi.

Affiliandoti gratuitamente a PayPal, ogni volta che un nuovo commerciante sottoscrive un conto Premier o Business, tramite il tuo link o banner, inizierai immediatamente a ricevere lo 0,5% del suo volume di pagamenti, fino a un massimo di 1.000 euro.

SEGRETO n. 16: Il programma di affiliazione di Paypal consente elevati guadagni per ogni nuovo commerciante che porti sul sito.

Potresti, ad esempio, pubblicizzare questo sistema di pagamento con un annuncio simile:

"La Carta di Credito è lo strumento di Pagamento più diffuso. Accetta Pagamenti con Carte di Credito nella tua Attività e aprirai le porte a migliaia di Nuovi Clienti".

Un altro programma di affiliazione pieno di possibilità, è quello di una completa libreria online, come quello di Macrolibrarsi.

Questo programma, completamente gratuito, offre fino al 15% di provvigione sulla vendita di ciascun libro, cd, rivista, dvd. In questo sito troverai molti libri con lo sconto del 15%. Puoi pubblicizzare proprio quelli perché, come ti ho spiegato in precedenza, con la pubblicità non solo devi informare i lettori dell'esistenza del prodotto, ma devi anche motivarli all'acquisto, e lo sconto è un sistema infallibile.

Con questo programma di affiliazione le provvigioni vengono riconosciute, per tutti gli acquisti effettuati dai visitatori da te presentati, per i successivi 90 giorni dal primo contatto. Accedendo in un'area a te riservata, hai la possibilità di verificare l'andamento delle vendite associate e dei click generati in tempo reale. Ti vengono inoltre forniti tutti gli strumenti per ricavare link e immagini personalizzate con il codice di affiliazione a te assegnato.

SEGRETO n. 17: Macrolibrarsi è un programma di affiliazione di librerie online, gratis e completo.

E finalmente siamo giunti al programma di affiliazione numero uno in Italia: Bruno Editore.

Diventando affiliato di Bruno Editore, rivendi i prodotti per la crescita personale, professionale e finanziaria. Partecipare a questo programma di affiliazione porta dei vantaggi incredibili:

- Per ogni prodotto venduto, ti viene corrisposta una provvigione del 30%, una delle commissioni più alte in Italia! Ad esempio, se una persona che viene dal tuo sito acquista la collezione di videocorsi a euro 1.990+iva, tu riceverai euro 597+iva!

- I pagamenti vengono corrisposti, in modo puntualissimo, trimestralmente il 25. Se ad esempio nel trimestre di Gennaio,

Febbraio e Marzo ricavi 500€ di commissioni, il 25 di Aprile, ti verrà fatto un bonifico bancario direttamente sul tuo conto corrente.

- Il cliente ti viene garantito 10 anni (molto più di qualsiasi altro programma di affiliazione!). Infatti, quando una persona proviene dal tuo sito, gli viene impostato un file che lo riconosce come tuo cliente per tutto questo tempo. Quindi, ogni volta che fa un ordine, anche in date differenti o per prodotti diversi, tu guadagni sempre tutte le commissioni.

- Il sito ti mette a disposizione un pannello di controllo con cui puoi monitorare i click, gli ordini effettuati, le commissioni e i pagamenti. Potrai inoltre scaricare banner e pubblicità già pronte per iniziare subito. Inoltre, avrai un link per ogni prodotto Bruno Editore, col tuo codice di affiliazione, ad esempio:

Ebook Lettura Veloce 3x

http://www.apprendimentorapido.net/?**pp=10808**

- Non appena il cliente avrà effettuato l'ordine di un prodotto, sul tuo pannello troverai immediatamente la tua commissione!

- L'iscrizione a questo programma di affiliazione è assolutamente gratuita.

Oltre all'altissima percentuale sulle provvigioni e alla lunga durata del cliente che porti sul sito, il programma di affiliazione di *Bruno Editore è molto più avanzato degli altri.*

Innanzitutto, ogni prodotto in vendita possiede un suo minisito, studiato molto bene per motivare il cliente all'acquisto. Nel minisito vengono illustrati i i benefici e i dettagli del prodotto. Inoltre esso rassicura il cliente con testimonianze di persone che lo hanno già provato il prodotto e garanzie di sostituzione per qualsiasi motivo.

Queste cose garantiscono un'alta percentuale di vendita da parte dei visitatori, rispetto agli altri siti di e-commerce che non hanno le stesse premure. Inoltre, la maggior parte dei programmi di affiliazione, anche quelli più famosi, sfruttano il metodo "all'Americana". Secondo questo metodo l'affiliato pubblicizza il prodotto, e spera che il cliente compri:

Metodo "all'Americana"

Solo 1 cliente su 100 compra..
E gli altri 99???

LI HAI PERSI!

Fai Pubblicità su Adwords

Mandi Visite sul Minisito

Invece, diventando affiliato della Bruno editore puoi guadagnare denaro anche sugli altri clienti che sono inizialmente solo incuriositi. Infatti, nei minisiti di vendita, prima del prodotto, vengono offerti degli ebook in omaggio a chi si iscrive nella **newsletter.** L'utente che visita il sito della Bruno Editore, oltre a comprare subito, riceverà periodicamente la newsletter, e quindi effettuerà probabilmente ulteriori acquisti in futuro.

Invece diventando Affiliato di Bruno Editore, **guadagni denaro anche sugli altri 99 clienti!**

Ti garantisco che con un catalogo di oltre 50 prodotti di crescita personale, professionale e finanziaria, chiunque ne trova almeno uno di suo interesse! Oggi, domani o tra 10 anni! E visto che si tratta di prodotti di alta qualità, le persone comprano almeno altri 2 o 3 prodotti. Questo senza contare i clienti super affezionati che comprano tutti i prodotti lanciati sul mercato, semplicemente perché sanno come lavora la Bruno Editore!

SEGRETO n. 18: Il programma di affiliazione della Bruno Editore è il più avanzato di tutti.

Quando mi iscrissi la prima volta al programma di affiliazione della Bruno Editore e cominciai a vendere i loro prodotti con una campagna pubblicitaria basata su AdWords Google con ottimi risultati, per un periodo fui costretto a interromperla, perché cambiai istituto bancario e ho dovuto aspettare un po' di tempo per riavere la carta di credito. Per non perdere la comodità di questo strumento di pagamento, e per evitare di avere fastidi a effettuare bonifici bancari, sospesi la campagna pubblicitaria su Google. In quel periodo di sospensione, notai "misteriosamente" sul pannello di controllo della Bruno Editore che alcuni utenti avevano acquistato prodotti che non avevo mai pubblicizzato, perché prima non esistevano ancora.

Questo perché? Quando la Bruno Editore lancia un nuovo prodotto, invia un'email ai tutti gli iscritti alla newsletter, che vanta **oltre 200.000 utenti.** Tra questi c'erano anche i clienti che avevo portato io sul sito, e, di conseguenza, ho guadagnato una provvigione senza spendere un soldo di pubblicità e senza fare niente! E la cosa bella è che saranno ancora miei clienti per ben 10 anni!

Inoltre, la Bruno Editore invia in newsletter non solo i nuovi prodotti, ma ripropone anche tutti gli altri già esistenti di vario argomento. Ogni cliente ne trova sempre almeno uno o più di suo interesse. Insomma posso dire che il guadagno è praticamente certo.

Ora che conosci i principali programmi di affiliazione ed hai i requisiti giusti per cercarne eventualmente degli altri, puoi passare al capitolo successivo, dove comincerai a vedere le tecniche di “fusione”, cioè unire il commercio elettronico con la pubblicità giornalista.

RIEPILOGO DEL GIORNO 2:

- SEGRETO n. 10: Con i programmi di affiliazione guadagni velocemente e non hai incarichi commerciali.
- SEGRETO n. 11: Un buon programma di affiliazione deve soddisfare i seguenti requisiti: qualità, professionalità, statistiche aggiornate, durata cliente, provvigioni alte, ampio catalogo e gratuità.
- SEGRETO n. 12: Il programma di affiliazione di eBay è gratis, completo ed affidabile.
- SEGRETO n. 13: Pubblicizza i prodotti di eBay più economici, poiché l'affiliazione si basa su provvigioni fisse.
- SEGRETO n. 14: TradeDoubler raccoglie i programmi di affiliazione dei più noti prodotti di marche.
- SEGRETO n. 15: Il sito AlVerde raccoglie tantissimi programmi di affiliazione consentendo un elevato target.
- SEGRETO n. 16: Il programma di affiliazione di Paypal consente elevati guadagni per ogni nuovo commerciante che porti sul sito.
- SEGRETO n. 17: Macrolibrarsi è un programma di affiliazione di librerie online, gratis e completo.

- SEGRETO n. 18: Il programma di affiliazione della Bruno Editore è il più avanzato di tutti.

GIORNO 3:

Realizzare Annunci Vincenti

Sicuramente anche tu li avrai utilizzati spesso, per vendere un'auto, per cercare lavoro, per affittare un appartamento o altro. Sto parlando degli **annunci economici**. Utilissimi e soprattutto facili e gratuiti. Da qualche anno sono ancora più semplici, basta inviare un sms per pubblicare il tuo annuncio. Oppure puoi scrivere il tuo messaggio comodamente seduto al computer di casa tua, collegandoti al sito ufficiale della corrispondente rivista.

Scommetto che non hai mai pensato di sfruttarli come business. Forse perché ti spaventa l'idea di metterti in "commercio". Effettivamente, non sempre il commercio è una soluzione ottimale: ci sono spese per tenere un deposito, pagare il personale, gestire la contabilità, la corrente, l'acqua ecc.

Tutte cose estranee al commercio elettronico, che non presenta nessun problema, soprattutto se ti iscrivi ad un programma di affiliazione. A questo punto, perché non pubblicizzare un prodotto a cui sei affiliato su una rivista di annunci economici? Certo ti può sembrare strano, poiché difficilmente hai visto annunci economici relativi a programmi di affiliazione. Certamente non puoi pubblicare un annuncio del tipo: *"Su eBay compri merce a partire da 1€ www.ebay.it"*.

Su quale rubrica la metteresti? Che numero di telefono indicheresti? E, soprattutto, cosa ci guadagneresti se un utente andasse su eBay? Questo link non ha certo il tuo codice di affiliazione! Ci guadagnerebbe solo eBay, ammesso che questa specie di annuncio venisse pubblicato, poiché è molto probabile che venga scartato. Ed ecco che ti svelo alcuni trucchi e segreti per **adattare** il tuo prodotto in vendita su piattaforma online, ad una pubblicità offline.

SEGRETO n. 19: Gli annunci economici di prodotti a cui sei affiliato devono essere adattati per apparire come le inserzioni tradizionali.

Innanzitutto occorre che il lettore visiti il sito web col tuo codice di affiliazione, poiché questa è la condizione indispensabile affinché il sistema riconosca l'affiliato e provveda a emettere eventualmente la commissione. Certamente non puoi indicare nell'annuncio il sito web:

http://clk.tradedoubler.com/click?p=1699&**a=1434410**&g=0

L'utente farebbe fatica a ricordare il codice, potrebbe sbagliarlo oppure ometterlo e in entrambi i casi perderesti la provvigione.

Pertanto è necessario che tu faccia un piccolissimo investimento, acquistando un sito web. Sul sito di Aruba costano pochissimo, circa 20€ all'anno (due caffè al mese!) e ti offrono la registrazione del dominio, 5 caselle di posta elettronica e spazio web illimitato.

La scelta del nome del sito è fondamentale. Ti consiglio di scegliere una parola non troppo lunga, facile da ricordare, magari priva di significato, poiché è difficile trovare liberi domini a nomi comuni, ad esempio cellulari.it. Dedica un bel po' di tempo alla scelta del nome del sito, poiché può rimanere tuo per sempre e deve rappresentare il tuo marchio di affiliato. Per l'utente è sicuramente molto più semplice ricordare un indirizzo web del tipo: miosito.it, piuttosto che quello composto da sigle e codici.

http://clk.tradedoubler.com/click?p=1699&a=1434410&g=0

Non farti spaventare dall'idea di gestire un sito internet! Infatti, grazie alle istruzioni che ti spiego in questa guida, è semplicissimo. Quando un utente digita il tuo dominio, la prima pagina che il sito apre è index.htm.

Puoi creare questo file anche con il blocco note installato su Windows. All'interno del file dovrai scrivere la seguente istruzione Html:

<META HTTP-EQUIV="REFRESH" CONTENT="0;
URL=**http://clk.tradedoubler.com/click?p=1699&a=1434410&g=0**">

Questa istruzione servirà a trasferire l'utente (tecnicamente si chiama redirect o reindirizzamento) sulla pagina indicata che ti ho posto in grassetto. Nel tuo caso, lo trasferirà verso la pagina di eBay col codice di affiliazione. Per "trasferire" le pagine web dal tuo computer verso il tuo sito internet, devi innanzitutto scaricare un programma FTP (File Transfer Protocol, cioè protocollo di trasferimento file). In rete nei esistono tantissimi in versione freeware. Ti consiglio di scaricare FileZilla che presenta un funzionamento semplicissimo.

Una volta installato e lanciato il programma, nella finestra principale dovrai compilare i seguenti campi:

- indirizzo	ad esempio: miosito.it
- utente	la tua login fornita dal provider del sito
- password	fornita sempre dal provider

Una volta compilati questi campi, potrai cliccare su “Connessione Veloce” e il programma mostrerà l’elenco dei file presenti sul tuo sito.

A questo punto, con un’operazione di “trascinamento” potrai copiare i file dal tuo computer (sito locale) verso il tuo sito web (sito remoto).

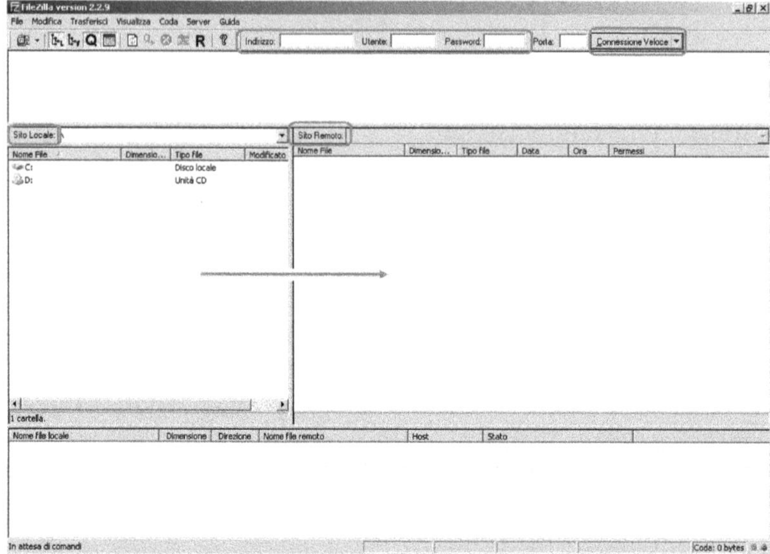

SEGRETO n. 20: Pubblicizza un tuo sito web di appoggio che abbia un redirect verso il link di un prodotto a cui sei affiliato.

Ritornando al tuo annuncio, ti consiglio di formularlo così: *"Vendo vari modelli di cellulare NOKIA a partire da 1 euro! Vai su www.miosito.it"*

Come vedi, a differenza di quello precedente, appare come un annuncio economico e non come la pubblicità di un sito web.

Non conosco il listino dei prezzi delle riviste di annunci economici dove abiti tu, ma dalle mie parti un'inserzione simile la paghi circa 1,30€ e ti assegnano una stellina che dà rilievo e priorità all'annuncio.

Un annuncio simile viene "visto" da migliaia di lettori e, se solo 1 su 1.000 va sul sito di eBay col tuo codice di affiliazione, si iscrive e fa un offerta, anche se non lo acquista, tu ci guadagni 25€. Mica male per aver speso solo 1,30€!

È però possibile lavorare ancora su tanti dettagli, affinché più di 1 persona su 1.000 ti faccia guadagnare la provvigione.

Innanzitutto è necessario che tu non faccia mai un redirect verso il catalogo intero di tutti i prodotti, rischieresti che l'utente si perda, meglio indirizzarlo direttamente alla pagina del prodotto specifico.

Quindi pubblicizza il link inerente al prodotto specifico che tu hai pubblicizzato ed indirizzalo direttamente alla sua pagina di vendita e non al catalogo intero.

SEGRETO n. 21: Pubblicizza sempre il link che porti al prodotto interessato specifico e non all'intero catalogo.

Questa tecnica è fondamentale. Quando mi sono occupato di pubblicizzare prodotti con Google AdWords, ho notato che le vendite sono maggiori quando il cliente va nella pagina del prodotto specifico, anziché su quella dell'intero catalogo.

Pertanto nel tuo caso, ti consiglio di sostituire il link indicato precedentemente, con questo, che porta il lettore direttamente nella pagina di eBay, con i prodotti "cellulari nokia":
http://clk.tradedoubler.com/click?p=1699&a=1434410&g=794599&url=http%3A%2F%2Fsearch.ebay.it%2F**cellulari-nokia**_W0QQ

Naturalmente, per guadagnare tanto, devi iscriverti a tanti programmi di affiliazione e pubblicizzare tanti loro prodotti, ma il tuo sito (miosito.it) l'hai posto come redirect verso la pagina eBay relativa ai cellulari e non puoi di certo comprare un sito web per ogni prodotto che hai intenzione di vendere. Arriveresti a centinaia di siti web con conseguenti costi elevati!

A questo proposito ti spiego un altro sistema per pubblicizzare tanti prodotti con lo stesso sito web. Questo sistema consiste nel creare tante cartelle all'interno del tuo sito web, per ogni prodotto che vendi. Ad esempio, nel caso precedente, potresti creare una cartella "cellulari" e porre al suo interno la pagina web "index.htm" che abbia un redirect verso i cellulari venduti su eBay col tuo codice di affiliazione, come ti ho mostrato in precedenza. Poi, se ad esempio sei interessato a vendere l'ebook *Seduzione* presente sul sito della Bruno Editore, puoi creare un'altra cartella denominata "seduzione", dove porre un altro file indice che abbia questo codice:

```
<META HTTP-EQUIV="REFRESH" CONTENT="0;
URL=http://www.seduzionerapida.net/?pp=10808">
```

In questo modo, puoi creare tanti annunci per tantissimi tipi di prodotti differenti, e quindi puoi mettere un annuncio tipo:
"Visita il sito: www.miosito.it/seduzione (per vendere ebook di seduzione) oppure www.miosito.it/cellulari (per la vendita di cellulari)".

SEGRETO n. 22: Crea nel sito di appoggio tante cartelle per ogni prodotto in vendita, in cui ci siano file index col redirect verso i link di affiliazione.

Grazie a questo sistema ho ottenuto elevatissimi ritorni economici, pubblicizzando decine di prodotti, soprattutto quelli in vendita su eBay al prezzo d'asta di partenza pari a 1€. In particolare ho avuto ottimi successi non solo con i prodotti di telefonia cellulare Nokia, ma anche pubblicizzando nella categoria "abbigliamento" la ricercatissima marca Nike e i giochi PSP nella rubrica "Giochi e Hobby", sempre grazie ai bassissimi prezzi d'asta.

Ora ritorniamo alla parte dedicata al testo. L'annuncio è fondamentale, deve attirare molto, deve mostrare i vantaggi che offre il tuo prodotto. Ad esempio, ritornando sempre alla vendita dell'ebook sulla seduzione, secondo te sarà più efficiente l'annuncio:
"Vendo ebook sulle tecniche di seduzione";
oppure:

"Scopri come conquistarla anche quando lei pensa che non sei il suo tipo. Ebook"?

Il secondo attira sicuramente di più. Soprattutto se negli annunci aggiungi frasi del tipo: ultimi pezzi, introvabile, sconti 50%, spedizione gratuita ecc.

Non sei bravo a scrivere annunci? Non c'è problema, ti illustro la procedura che ho pubblicato nel mio precedente ebook Guadagnare con Emule e YouTube, per studiare il mercato pubblicitario di Google e per scoprire degli ottimi annunci motivanti. Il sistema è semplicissimo, ma molto efficace.

Attraverso Google, effettua una ricerca indicando la parola chiave relativa all'argomento del tuo prodotto in questione. La ricerca ti restituisce come risultati sicuramente anche degli annunci sponsorizzati, presenti nella colonna a destra e puoi ispirarti ad uno di essi. I primi che appaiono sono sicuramente annunci vincenti, poiché Google non favorisce solo il costo della pubblicità, ma anche il numero di click che essi ricevono.

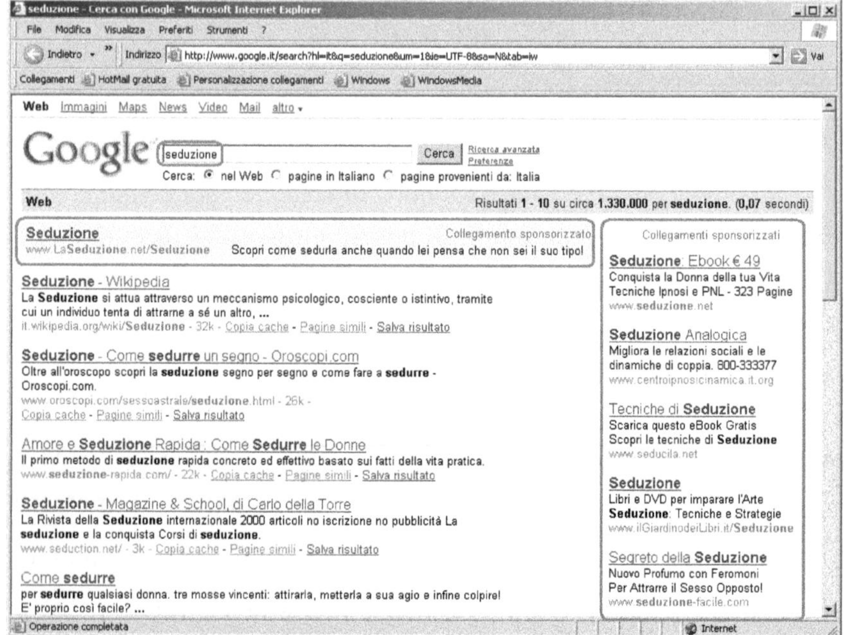

SEGRETO n. 23: Scrivi annunci economici motivanti, ispirandoti a quelli sponsorizzati su Google.

Che succede? Hai trovato più di un annuncio che ti piace? Tanto di guadagnato! Inserisci più di un annuncio dello stesso prodotto su diverse riviste o magari sulla stessa rivista, ma su diverse rubriche, comunque attinenti al prodotto.

SEGRETO n. 24: Pubblica più annunci dello stesso prodotto su diverse riviste e differenti rubriche.

Per quanto riguarda il prezzo del prodotto, ti sconsiglio di indicarlo, per una ragione molto semplice: nella pubblicità online, dove la tecnica principale è quella del Pay-Per-Click, in cui paghi un costo per ogni click che ricevi, è consigliato indicare il prezzo per evitare di spendere tanti soldi. Infatti accade spesso che i visitatori cliccano sull'annuncio, poi, quando scoprono che il prodotto è a pagamento, se ne vanno. Invece in questo tipo di pubblicità offline, è consigliabile non indicare il prezzo, poiché non paghi in proporzione alle visite ricevute, pertanto sarà meglio che il lettore visiti comunque il sito, che, se è fatto bene, lo motiva all'acquisto in pochi minuti.

SEGRETO n. 25: Nella pubblicità offline non indicare il prezzo del prodotto.

A questo punto, prima di passare alla pubblicazione vera e propria, non resta altro che scegliere la rubrica per il tuo prodotto in vendita.

Innanzitutto se hai dubbi, inserisci il tuo annuncio in più di una rubrica. In questo modo dai la possibilità al tuo annuncio di essere visto da più persone, e quindi guadagnare di più. Non preoccuparti per il prezzo, tra poco ti illustrerò alcune tecniche per non spendere niente per i tuoi annunci economici! Al massimo rischi che non venga pubblicato perché la rubrica non è attinente, ma tu non perdi niente.

SEGRETO n. 26: La scelta di una o più rubriche appropriate determina il successo dell'inserzione.

In genere tutte le riviste di annunci economici, presentano le stesse rubriche. Per quanto riguarda il programma di affiliazione con eBay non c'è alcuno studio da fare: le categorie del sito più famoso di aste online corrispondono alle rubriche presenti nelle riviste di annunci economici. Se vuoi guadagnare con le provvigioni dei televisori, pubblicizza l'annuncio nella rubrica "TV". Se ti vuoi occupare degli orologi, esiste la rubrica "Orologi e Gioielli". È semplicissimo! Anche per quanto riguarda il programma di affiliazione di TradeDoubler, non ci sono problemi. I prodotti della Apple li potresti pubblicizzare nella rubrica “HI-FI”, quella della HP in “Computer”…

Il programma di affiliazione AlVerde comprende tanti programmi di affiliazione per tanti tipi di prodotti, e quindi vale la stessa cosa per eBay e TradeDoubler.

Per quanto riguarda “Macrolibrarsi”, siccome si tratta di una libreria online, quale migliore rubrica potrebbe essere “Libri, riviste e giornali”.

Purtroppo, non sempre con un semplice annuncio economico, puoi pubblicizzare tutti i tipi di prodotti e servizi, ad esempio quello offerto da Paypal. In questo caso devi passare agli spazi pubblicitari, che ti illustrerò nel capitolo successivo. Nonostante questo tieni presente che esistono alcune rubriche adatte. Personalmente io non ho avuto problemi, ma non posso darti sicurezze di pubblicazione. Infatti, puoi servirti di una rivista con una redazione diversa da quella che ho utilizzato io. In ogni caso, provare non costa nulla, quindi ti suggerisco di utilizzare le rubriche “Finanziamenti” oppure “Varie”.

Infine desidero dedicare maggiore attenzione al programma di affiliazione della Bruno Editore, poiché è quello più redditizio e che comprende una serie di prodotti molto efficaci, ma che devono essere "inseriti" con le dovute tecniche.

Come già accennato in precedenza, nel dubbio, inserisci più volte lo stesso annuncio, in più rubriche e in più riviste. I prodotti della Bruno Editore, grazie alla loro straordinaria efficacia e grazie alla loro completezza, possono "adattarsi" a tante rubriche. Innanzitutto sono dei corsi, quindi staranno ad hoc nelle rubriche:

- Servizi Scolastici → Corsi;
- Libri, giornali e riviste;
- Rubrica Varie.

Altri tipi di prodotti, come ad esempio l'ebook ed il videocorso della dieta, si possono adattare egregiamente nella rubrica "Bellezza Estetica". Il famosissimo videocorso "Sport Coach" è adattissimo nella rubrica "Articoli Sportivi".

SEGRETO n. 27: I prodotti di eBay, TradeDoubler, AlVerde e Bruno Editore si adattano egregiamente alla maggior parte delle rubriche.

Inoltre, puoi inserire nella vistosissima rubrica "Lavoro", in particolare nella parte relativa alle offerte, l'iscrizione al programma di affiliazione di Bruno Editore. In questa rubrica, devi fare molta attenzione, affinché il tuo annuncio non sia scartato.

Ti dico subito che, a mio parere, il 90% di questi annunci dovrebbero essere eliminati, poiché offrono solo pessimi lavori: attività di rappresentanza, presentate come posti di lavoro fissi, lavoro da impiegati con mansioni da "generali" e paghe da soldati!

Invece, pubblicizzando il programma di affiliazione di Bruno Editore, dai veramente la possibilità a qualcuno di ottenere una cospicua rendita fissa e tu guadagni grazie ai tuoi sottoaffiliati.

SEGRETO n. 28: Pubblicizza nella rubrica "Offerte di Lavoro" il programma di affiliazione di Bruno Editore.

Ritornando al testo dell'annuncio, non lo devi presentare come la vendita di un prodotto, ma come una proposta di lavoro. E in effetti lo è, visto che inviti il lettore a partecipare al programma di affiliazione.

Infatti, il programma di affiliazione della Bruno Editore è gratuito, e soprattutto non richiede di acquistare nessuna guida per affiliarsi. Chiaramente, per specializzarsi e ottenere risultati eccellenti, è utile consultare qualche ebook. Quindi puoi inviare un annuncio simile:
"Lavora e guadagna da casa tua con i programmi di affiliazione".

Infine c'è la rubrica più quotata in assoluto: Regali e Scambi. Chi è che non è attratto da ciò che è gratuito?! In questa rubrica, puoi pubblicizzare le **guide gratuite** presenti sul sito della Bruno Editore: Autostima, Amore, Seduzione, Lavoro, Ricchezza, PNL.

Sono delle ottime guide. Personalmente mi hanno aiutato moltissimo nella mia formazione, sono state un punto di partenza. Le puoi offrire come regalo con un annuncio originale. Naturalmente tu dirai: cosa ci guadagno? È semplicissimo. Le guide sono in genere tratte dagli ebook completi. Le puoi sfruttare per pubblicizzare prodotti Bruno Editore con il tuo codice di affiliazione.

Noterai che ogni argomento è suddiviso in capitoli. Il mio consiglio è di copiare il testo di ciascun capitolo e incollarlo in un unico file Word.

SEGRETO n. 29: Sul sito della Bruno Editore puoi trovare ottime guide gratuite, da pubblicizzare sulla rubrica "Regali e Scambi".

La diffusione di queste guide è *consentita* ***solo*** *per promuovere gli stessi prodotti della Bruno Editore.* Pertanto non è possibile allegare pubblicità di altri prodotti relativi ad altri programmi di affiliazione che non appartengano allo stesso autore. Dovrai inoltre specificare che l'autore delle guide è l'ing. Giacomo

Bruno e la Bruno Editore, quindi ti consiglio di impostare nel seguente modo la prima pagina, variando opportunamente il formato dei caratteri:

“Corso Ricchezza”

Guadagnare Denaro su Internet e Creare Rendite Online

----

di Giacomo Bruno

Bruno Editore

Distribuito da: TUO NOME

Al termine della guida, puoi pubblicizzare il link dell’ebook completo e approfondito, presente nello stesso sito e relativo al medesimo argomento. Per ogni guida gratuita trovi quindi il corrispondente prodotto completo in vendita sul sito della Bruno Editore:

- Autostima → http://www.emozioni-Autostima.net
- Amore e Seduzione → http://www.seduzione.net

- Lavoro → http://www.obiettivi-eccellenti.net
- Ricchezza → http://www.corso-ricchezza.net
- PNL → http://www.pnl-segreta.net

Grazie all'elevata qualità delle guide, ci sono ottime possibilità che l'utente decida di acquistare l'ebook completo, e tu guadagni la provvigione sulla vendita.

Sempre nello stesso sito della Bruno Editore, precisamente nella pagina RISERVATA:

http://www.Autostima.net/autostima/download.php

è possibile scaricare altri ottimi ebook da utilizzare per la diffusione:

- Ebook *Raggiungi i tuoi obiettivi*;
- Ebook *Comunicazione efficace*;
- Ebook *Rendite da 32.400€;*
- Ebook *Seduzione*;

Anche in questo caso devi rispettare le stesse regole indicate in precedenza:

- il riconoscimento del legittimo autore: ing. Giacomo Bruno e Bruno Editore;
- possibilità di pubblicizzare esclusivamente prodotti Bruno Editore.

Ora che è tutto pronto, puoi passare alla pubblicazione vera e propria.

La maggior parte delle riviste di annunci economici possiedono il loro sito internet che, tra le varie funzioni, consente l'inserimento degli annunci online, previa registrazione, che saranno visibili sia nel sito, sia nella rivista vera e propria.

Prendiamo ad esempio la rivista BricàBrac, venduta in edicola nelle principali città della Campania.

bricàbrac

Inizialmente devi registrarti, cliccando il pulsante "registrazione", quindi puoi effettuare la login. A questo punto devi cliccare su "I tuoi crediti" e poi su "acquista nuovi crediti", per ricaricare il tuo fondo spese per pubblicare gli annunci. Ecco le tariffe di inserzione sul giornale, con i corrispondenti crediti:

	euro (€)	crediti
annuncio base con singola ripetizione	2,40	48
annuncio neretto	3,60	72
annuncio maiuscolo	3,60	72
annuncio delineato	3,60	72
annuncio con anteposto	3,60	72

i prezzi sono comprensivi di IVA.

20 crediti - € 1
50 crediti - € 2.5
100 crediti - € 5
200 crediti - € 10
500 crediti - € 25
1000 crediti - € 50

Per ricaricare i tuoi crediti puoi utilizzare sia la carta di credito, sia il comodissimo e sicuro sistema Paypal. Poniamo che acquisti 200 crediti al prezzo di 10€. Puoi iniziare a pubblicare un annuncio delineato, che ha più rilevanza, al prezzo di 3,60€, quindi dovrai cliccare il link "inserisci annuncio".

Puoi ad esempio pubblicare un'inserzione nella categoria:
Ufficio e Affari → Affari e servizi finanziari → Attività e capitali
Indicando nel testo: *"Guadagna Denaro su Internet e Crea Rendite Online con i Programmi di Affiliazione Gratuiti. www.miosito.it/affiliazione"*

Come vedi, con la modica spesa di 3,60€ il tuo annuncio viene visto da migliaia di lettori. E non sei che all'inizio. Il tuo obiettivo è quello di moltiplicare questi lettori, per aumentare ulteriormente le vendite, senza spendere un soldo.

SEGRETO n. 30: Trasmetti rapidamente le tue inserzioni attraverso i siti delle riviste di annunci economici.

Purtroppo le riviste di annunci economici, non consentono di pubblicizzare annunci gratuiti in cui siano indicati siti internet.

Come si può ovviare a questa difficoltà? La prima soluzione è quella di indicare il numero del tuo cellulare, e rispondere alle migliaia di telefonate fatte ogni giorno dai lettori interessati al servizio ripetendo loro sempre la stessa cosa: *"Per avere maggiori informazioni, consulti il sito: www.miosito.it"*

Non penso che tu abbia voglia di fare questo! Potresti assumere una segretaria per farlo, ma ti accolleresti circa 1.000€ di spese al mese. Oppure potresti servirti dei nuovissimi servizi di segreteria virtuale, che ti offrono un numero di telefono dove rispondono secondo le tue indicazioni fornite in precedenza. Ma anche in questo caso il costo non è ragionevole, poiché costano intorno ai

300€ al mese e il prezzo aumenta proporzionalmente al numero di chiamate ricevute. Nel tuo caso potrebbe essere molto più caro.

La seconda soluzione è quella di scrivere al termine degli annunci: *"Per ricevere informazioni, lascia la tua email tramite SMS al cellulare indicato"*

Potrebbe essere una buona idea, ma comunque dovresti lavorare un po' inviando centinaia di email pubblicitarie ai lettori, con i tuoi link da affiliato. Non sarebbe comunque una soluzione ottimale, poiché i lettori potrebbero spaventarsi a lasciare la propria email a uno sconosciuto. Inoltre, data la soluzione poco pratica e non rapida (inviare un SMS, andare sul PC, leggere l'email, collegarsi al sito ecc.), il lettore potrebbe non farlo, e tu perderesti un potenziale cliente.

Una soluzione efficace consiste nell'installare un IVR (Interactive Voice Response), cioè un dispositivo abbinato ad una linea telefonica, che fa partire un messaggio vocale preregistrato in cui viene indicato il sito internet per avere informazioni sul prodotto di interesse. Questi sistemi sono quelli solitamente utilizzati dalle grandi aziende, per alleggerire il lavoro ai centralinisti, fornendo ai clienti informazioni più richieste, tipo: le nuove offerte commerciali, gli orari di lavoro ecc.

Tu sei pronto a spendere qualche migliaia di euro per installare a casa tua un centralino PBX, un sistema IVR e pagare periodicamente un tecnico per la manutenzione? Penso proprio di no! Ti offro allora una soluzione molto economica ed efficace.

Questo sistema consiste nell'installare un software nel tuo cellulare che **risponda automaticamente** a tutte le chiamate con un messaggio vocale che tu hai preregistrato, tipo:

"Grazie per esserti interessato ai prodotti per la Crescita Finanziaria. Per ricevere maggiori informazioni consulta il sito www.miosito.it/ricchezza"

Nel caso in cui tu non lo sappia, il simbolo "/" si chiama slash! Facendo così risparmi tantissimo tempo e soprattutto tantissimi soldi ed hai una soluzione ottimale.

SEGRETO n. 31: Pubblicizza il tuo sito con un annuncio indicando il numero di un cellulare dotato di software autorisponditore.

Puoi inoltre pubblicizzare più di un prodotto con lo stesso messaggio. Basta aggiungere nel messaggio: *"Per avere informazioni sui prodotti per la crescita professionale, consulta il sito www.miosito.it/professionale. Per i prodotti per la crescita personale, consulta il sito www.miosito.it/personale. Per i prodotti per la crescita finanziaria, consulta il sito www.miosito.it/ricchezza".*

Un ottimo programma che consente questo genere di servizio è sicuramente MobiGenie, offerto dalla Nokia in versione freeware.

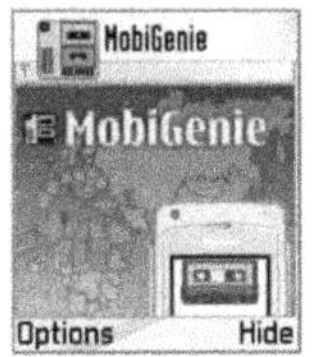

È compatibile con tantissimi modelli Nokia ed è inoltre supportato anche da altri cellulari, purché provvisti di sistema operativo Symbian.

SEGRETO n. 32: Il miglior software autorisponditore freeware su cellulare è il MobiGenie della Nokia.

Se non hai a disposizione un cellulare con sistema operativo Symbian ti consiglio di fare questo piccolissimo investimento. Ti suggerisco inoltre di acquistare una scheda telefonica dedicata a questo. Pochi giorni fa ho visto un centro commerciale che vendeva schede in offerta ad 1,90€ con 5€ di traffico telefonico incluso!

A questo punto hai le basi per far conoscere a migliaia di persone il tuo prodotto, senza spendere un soldo. Ma non è ancora finita, ci sono ancora altre strategie per informare tantissimi lettori del tuo prodotto.

Finora ti ho illustrato una singola rivista di annunci economici, ma in tutta Italia ce ne sono a decine e tutte fornite del loro bel sito internet dove puoi pubblicare online le tue inserzioni in modo gratuito. Quindi i tuoi potenziali clienti sono moltiplicati per il numero delle riviste in cui pubblichi l'annuncio!

SEGRETO n. 33: Pubblicizza tutti i prodotti a cui sei affiliato su tutte le principali riviste di annunci economici nazionali.

Per farti risparmiare tanto tempo, ti allego una lista completa dei siti internet delle principali riviste presenti in edicola.

Marche

http://www.corriereannunci.it/index.php

Abruzzo

http://www.corriereannunci.it/index.php

http://www.viviqui.it/p.php

http://www.quotazioni.it

Lazio

http://www.portaportese.it

http://www.occasione.it

http://www.occhei.it

Toscana

http://www.lapulce.it

http://www.ilmercatodellatoscana.com

http://www.lalocandina.it

http://www.lavedetta.it

http://annunci.arezzoweb.it

http://www.labazza.it

http://www.la-bancarella.it

Friuli Venezia Giulia

http://www.ilmercatino.it

http://www.labancarella.it

http://www.cittanostra.it

Sicilia

http://www.lasiciliannunci.it

http://www.laffarone.it

http://www.giornaleaffari.it

Campania

http://www.fieracittaonline.it

http://www.bricabrac.it

Veneto

http://www.portobello.it

http://www.sabatoaffari.it

http://www.portobello.it

http://www.cittanostra.it

http://www.aladinoannunci.com

http://www.occhioweb.com

http://www.affarefatto.net

Sardegna

http://www.loccasionesardegna.it

http://www.cagliariannunci.it

Emilia Romagna

http://www.tribuna.it

http://www.cercoce.it/home.do

http://www.labazza.it

http://www.ilgenius.it

Trentino Alto Adige

http://www.bazar.it

Umbria

http://www.cercoetrovo.it

http://www.la-bancarella.it

Basilicata

http://www.lucaniaffari.it

http://www.annunci-lucani.net

Liguria

http://www.internetsavona.com/mercatino

Lombardia

http://www.tuttoannuncimilano.it/annunci

http://www.arenabazar.it

http://www.cercoce.it/home.do

http://www.lodiaffari.it

http://www.lasoffiata.it

http://web.cheapnet.it/novepiu

Calabria

http://www.comproevendoweb.it

Puglia

http://www.leccentrico.it/lecce/modules/catads

Piemonte

http://www.inserzione.it

http://www.settimanalemonviso.it/Annunci/annunci_web.htm

Inoltre, puoi trovare tantissime altre riviste nel sito della ANSPAEG (Associazione Nazionale Stampa Periodica Annunci Economici Gratuiti). Se vuoi veramente raggiungere il massimo in questo business, ti consiglio di non scartare nessuna di queste riviste. Sono miniere d'oro e il prezzo da pagare è solo un po' di impegno.

Finora ti ho illustrato le tecniche per far conoscere i prodotti a cui sei affiliato a decine di migliaia di persone. Grazie a questi sistemi gratuiti puoi far pratica e "testare" i tuoi annunci, nello stesso tempo ottenere una rendita di denaro abbastanza cospicua.

Ora è venuto il momento di passare ai "piatti forti", cioè non più pubblicizzare i tuoi prodotti a migliaia di lettori, ma a **milioni** di essi. Naturalmente non si parla più servizi gratuiti, ma di servizi che necessitano di qualche piccolo investimento, che però fa da "leva" ai tuoi guadagni. In pratica più investi e più i tuoi guadagni si moltiplicano.

Per pubblicizzare i prodotti a cui sei affiliato a milioni di persone, devi utilizzare i servizi di annunci economici offerti dalle grandi testate giornalistiche nazionali, che quotidianamente contano decine di milioni di lettori.

Qui di seguito ti indico quelle più grandi, cioè quelle che coprono il territorio di più regioni.

Il Sole 24 ORE.com

http://annunci.ilsole24ore.com

Si tratta della testata giornalistica più famosa nel campo economico, che vanta una tiratura di oltre 350.000 copie al giorno e una readership di ben 1.200.000 lettori. Un'opportunità davvero unica per pubblicizzare con estremo successo i prodotti per la crescita finanziaria.

Se hai intenzione di pubblicizzare anche altri tipi di prodotti o servizi, ti consiglio di dare uno sguardo alla pagina dello stesso sito relativa alle parole più ricercate.

Il Messaggero

http://www.piemmeonline.it/messaggero_1.php

Il Messaggero è il quotidiano più importante del Centro-Italia. Con ben 1.364.000 lettori (fonti PIEMME), si conferma il quarto quotidiano più letto nella nostra nazione. Circa il 60% dei lettori possiede una laurea o un diploma, quindi il livello di scolarità è molto elevato e questo ti fa capire come esso sia ottimo per pubblicizzare i prodotti per la Crescita Professionale. Inoltre, per il 20%, i lettori sono impiegati e nell'ambito aziendale può essere molto utile visionare i videocorsi di Leadership, Team Building e Public Speaking. I costi sono per parola e variano a seconda della rubrica in cui vuoi pubblicare l'annuncio:

Il Messaggero

Tariffe a PAROLA

ANNUNCI minimo 12 parole per annuncio	prezzo a PAROLA Euro		FORMATI SPECIALI Euro	
edizione NAZIONALE	Normale	Tondo +50%	LOGO mm. 42x16	FINESTRA mm. 42x33
Abbigliamento	2,00	3,00		
Affitti (minimo 10 parole)	3,10	4,65		
Agriturismo/camping	2,00	3,00		
Animali	2,00	3,00		
Aste - Fallimenti	9,70	14,55		
Auto	3,45	5,18	105,00	
Chiromanzia	3,45	5,18		
Consulenze	2,10	3,15		
D'oro e d'argento	2,10	3,15		
Finanziamenti	5,50	8,25		
Hi-fi/Foto/Telefonia	2,00	3,00		
Hobbies e passatempi	2,00	3,00		
Immobiliari Compravendita (minimo 15 parole)	5,20	7,80		
Investigazioni	3,10	4,65		
Lavoro Domanda	1,10	1,65		
Lavoro Offerta	5,50	8,25	161,00	322,00
Matrimoniali	3,00	4,50		
Moto/Bici/Barche	3,00	4,50	105,00	
Notizie Liete (minimo 15 parole)	2,50			
Attività Commerciali	3,60	5,40		
Relazioni Sociali - Messaggi (minimo 10 parole)	8,50	12,75		
Centri Relax (minimo 10 parole)	8,95	13,43		
Salute e Benessere	9,10	13,65		
Scuole/Lezioni/Formazione	2,10	3,15		
Smarrimenti/Ricerca testimoni	2,10	3,15		
Sport	3,30	4,95		
Tutto per il lavoro	2,10	3,15		
Tutto per la casa	2,10	3,15		

NECROLOGIE	Euro			
	Parola		Simbolo	
edizione NAZIONALE	Sportello	Telefonico	Sportello	Telefonico
Necrologie	5,00	5,60	25,00	28,00
Partecipazioni al lutto	9,00	9,50	45,00	47,50
Anniversari - Ringraziamenti	5,20	5,80	26,00	29,00
edizioni PROVINCIALI				
Necrologie	2,00	2,50	10,00	12,50
Partecipazioni al lutto	3,60	4,10	18,00	20,50
Anniversari - Ringraziamenti	2,10	2,60	10,50	13,00

DIRITTO FISSO per ANNUNCIO in euro

ANNUNCI	
Sportello e Telefonico	5,20
Relazioni sociali - Messaggi - Centri Relax	4,50
NECROLOGIE	5,20

Listino 2008 - in EURO escluso I.V.A.

Nel tuo caso, per quanto riguarda la pubblicità dei prodotti per la crescita professionale, le rubriche più adatte sono sicuramente quelle relative a "Formazione" e "Tutto per il lavoro". Non è possibile inviare annunci online, ma la concessionaria di pubblicità è la PIEMME, che è presente sull'intero territorio nazionale con 6 sedi, 23 filiali e 9 agenzie.

Altre famose testate giornalistiche sono quelle appartenenti al gruppo RCS, che possiede il suo sito per la pubblicazione online di annunci economici.

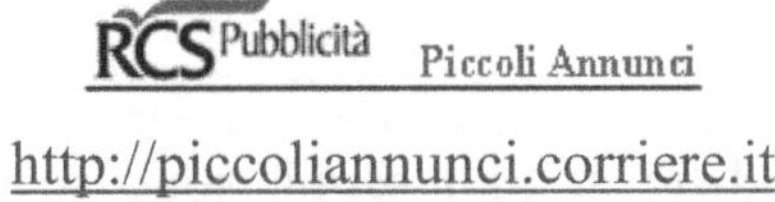

http://piccoliannunci.corriere.it

Su questo sito è possibile inserire piccoli annunci su alcune importanti testate giornalistiche, che hanno tutti in comune le stesse rubriche.

Inoltre hai la possibilità di scegliere diversi tipi di rilievi per i tuoi annunci, per dar loro il massimo della visibilità:

NORMALE

ASSISTENTE / segretaria direzione, laureata, esperienza quinquennale, ottimo inglese buono francese, dinamica, flessibilità d'orari offresi.

NERETTO

ASSISTENTE / segretaria direzione, laureata, esperienza quinquennale, ottimo inglese buono francese, dinamica, flessibilità d'orari offresi.

CAPOLETTERA

A SSISTENTE segretaria direzione, laureata, esperienza quinquennale, ottimo inglese buono francese, dinamica, flessibilità d'orari offresi.

NERETTO RIQUADRATO

ASSISTENTE
segretaria direzione, laureata, esperienza quinquennale, ottimo inglese buono francese, dinamica, flessibilità d'orari offresi.

RIQUADRATO NEGATIVO

ASSISTENTE
segretaria direzione, laureata, esperienza quinquennale, ottimo inglese buono francese, dinamica, flessibilità d'orari offresi.

Le rubriche più adatte ai tuoi scopi, sono senz'altro quelle di "*scuole corsi e lezioni*" e "*proposte varie*".

SEGRETO n. 34: Sfrutta i servizi di annunci economici offerti dalle grandi testate giornalistiche per ottenere una visibilità straordinaria.

Proprio come avviene su eBay (dove le persone effettuano acquisti in determinati giorni ed orari), anche per i restanti siti di e-commerce ci sono determinati periodi in cui gli utenti effettuano acquisti. Posso dirti che entrambi i periodi coincidono, perché avvengono in momenti in cui la gente non è a lavoro e si dedica al tempo libero. I giorni migliori (consigliati nell'Ebook Fare Soldi Online con EBAY), sono quelle dei festivi, tipo la domenica. Oppure, se non c'è disponibilità, puoi scegliere il mercoledì, che statisticamente è anche un giorno favorevole.

SEGRETO n. 35: Pubblicizza gli annunci nei giorni statisticamente favorevoli alle vendite: festivi e mercoledì.

Prima di passare alla pubblicazione vera e propria è meglio che tu conosca le testate giornalistiche RCS che offrono il servizio di annunci economici. In questo modo potrai mirare la vendita dei tuoi prodotti nella giusta direzione.

CORRIERE DELLA SERA.it

http://www.corriere.it/

Il Corriere della Sera è una grande testata giornalistica che vanta 2.615.000 lettori. È chiamato così perché all'inizio era in vendita di sera.

Secondo le statistiche della concessionaria di pubblicità, un elevato numero di lettori di questo giornale sono appartenenti alla classe degli imprenditori e dirigenti. Quindi, anche in questo caso, può essere molto redditizio sponsorizzare i prodotti per la crescita professionale.

La Gazzetta dello Sport.it

http://www.gazzetta.it/

La Gazzetta dello Sport è il quotidiano numero uno in Italia per numero di lettori, che si aggira intorno ai 3.592.000. È il quotidiano sportivo più famoso nel suo genere.

Secondo statistiche, viene letto nei momenti più rilassanti della giornata, i lettori sono costituiti dal 89% dai maschi ed il 44% del totale possiede una licenza media inferiore. Questi dati ti sono molto utili per la scelta del prodotto o servizio da pubblicizzare.

Nel sito di Alverde c'è una sezione dedicata ai programmi di affiliazione di "Giochi e Scommesse", naturalmente conformi alle Normative Italiane. È una sezione che coincide sia con lo sport sia con il tempo libero, quindi è proprio adatta a questa testata giornalistica. Per quanto riguarda il programma di affiliazione di Bruno Editore, penso che il videocorso Sport Coach sia *ad hoc*, visto che tratta del miglioramento delle prestazioni sportive.

http://city.corriere.it/

City è uno tra i più grandi quotidiani a diffusione gratuita, presente nelle principali città Italiane. Vanta ben 747.000 lettori, di cui, secondo le fonti ufficiali, il 40% è costituito dai giovani compresi dai 18 ai 34 anni. Il fatto che i lettori siano giovani, comporta una vasta scelta nei prodotti da pubblicizzare, tra cui quelli relativi alla crescita personale: Seduzione, Dieta 5-sensi, ecc, tutti argomenti che interessano molto la fascia tra i 18 ed i 34 anni.

SEGRETO n. 36: Studia il profilo delle principali testate giornalistiche per stabilire il target e i prodotti da vendere con successo.

RIEPILOGO DEL GIORNO 3:

- SEGRETO n. 19: Gli annunci economici di prodotti a cui sei affiliato devono essere adattati per apparire come le inserzioni tradizionali.
- SEGRETO n. 20: Pubblicizza un tuo sito web di appoggio che abbia un redirect verso il link di un prodotto a cui sei affiliato.
- SEGRETO n. 21: Pubblicizza sempre il link che porti al prodotto interessato specifico e non all'intero catalogo.
- SEGRETO n. 22: Crea nel sito di appoggio tante cartelle per ogni prodotto in vendita, in cui ci siano file index col redirect verso i link di affiliazione.
- SEGRETO n. 23: Scrivi annunci economici motivanti, ispirandoti a quelli sponsorizzati su Google.
- SEGRETO n. 24: Pubblica più annunci dello stesso prodotto su diverse riviste e differenti rubriche.
- SEGRETO n. 25: Nella pubblicità offline non indicare il prezzo del prodotto.
- SEGRETO n. 26: La scelta di una o più rubriche appropriate determina il successo dell'inserzione.

- SEGRETO n. 27: I prodotti di eBay, TradeDoubler, AlVerde e Bruno Editore si adattano egregiamente nella maggior parte delle rubriche.
- SEGRETO n. 28: Pubblicizza nella rubrica "Offerte di Lavoro" il programma di affiliazione della Bruno Editore.
- SEGRETO n. 29: Sul sito della Bruno Editore puoi trovare ottime guide gratuite, da pubblicizzare sulla rubrica "Regali e Scambi".
- SEGRETO n. 30: Trasmetti rapidamente le tue inserzioni attraverso i siti delle riviste di annunci economici.
- SEGRETO n. 31: Pubblicizza il tuo sito con un annuncio indicando il numero di un cellulare dotato di software autorisponditore.
- SEGRETO n. 32: Il miglior software autorisponditore freeware su cellulare è il MobiGenie della Nokia.
- SEGRETO n. 33: Pubblicizza tutti i prodotti a cui sei affiliato su tutte le principali riviste di annunci economici nazionali.
- SEGRETO n. 34: Sfrutta i servizi di annunci economici offerti dalle grandi testate giornalistiche per ottenere una visibilità straordinaria.

- SEGRETO n. 35: Pubblicizza gli annunci nei giorni statisticamente favorevoli alle vendite: festivi e mercoledì.
- SEGRETO n. 36: Studia il profilo delle principali testate giornalistiche per stabilire il target e i prodotti da vendere con successo.

GIORNO 4:
Creare Facilmente Layout Pubblicitari

Fino adesso ti ho illustrato le tecniche e le strategie per pubblicizzare prodotti o servizi con annunci economici, ma per passare al top, per sfruttare la pubblicità dei grandi marchi e delle grandi aziende, devi utilizzare gli spazi pubblicitari.

Non pensare che gli spazi pubblicitari non siano alla tua portata, oppure che comportino investimenti elevati. Innanzitutto, dopo lunghi studi, ricerche ed azioni pratiche, posso dirti che anche le grandi aziende commettono sbagli. Ci sono spazi pubblicitari, anche di grandi marche, che potrebbero essere migliorati di molto. Dopo aver letto questo capitolo, comincerai anche tu ad avere "occhio" su queste cose e vedrai come molte aziende potrebbero investire meglio.

Per quanto riguarda gli investimenti, il problema è risolvibile. Innanzitutto non è detto che uno spazio pubblicitario costi quanto un automobile. Certo, se vuoi acquistare la prima pagina della più importante testata giornalistica, il prezzo non sarà molto accessibile. Ma ti posso assicurare che ci sono alcuni piccoli spazi di importanti testate che hanno un prezzo analogo a quello di un annuncio economico in rilievo di un altro giornale. In questa guida, comunque, ti illustro anche alcune tecniche per pagare il costo della pubblicità solo dopo aver guadagnato.

Innanzitutto, torniamo allo scopo della nostra pubblicità, cioè all'argomento già affrontato in precedenza. La pubblicità serve ad ottenere, o ad aumentare le vendite. Ma cosa devi fare per ottenere ciò? Informare i lettori dell'esistenza di un prodotto non sempre è sufficiente. Ad esempio, se vendi pneumatici per automobili a Bergamo e pubblicizzi lo stesso prodotto a Milano, puoi chiederti: perché un cliente Milanese dovrebbe fare tanti chilometri per acquistarli da te? Sicuramente lui sa che nella sua città già esiste qualcuno che vende pneumatici.

Quindi, non mi stancherò mai di ripeterlo, non basta solo informare il lettore dell'esistenza del prodotto (a meno che non si tratti di una nuova invenzione), ma bisogna anche motivare il lettore all'acquisto.

Per ottenere un enorme successo, i grandi grafici realizzano locandine pubblicitarie, strutturandole in tre parti: attrazione, racconto ed azione.

SEGRETO n. 37: Struttura la locandina pubblicitaria in tre parti: attrazione, racconto ed azione.

Quindi devi strutturare uno spazio pubblicitario con una parte dove **attrarre** il lettore, indicando i vantaggi che offre il prodotto o il servizio che stai pubblicizzando. Dovrai fare in modo che il lettore ponga l’attenzione sullo spazio pubblicitario, per far sì che legga tutto il resto. Ad esempio, se stai vendendo una guida su come vincere in borsa, invece di intitolarlo “Guida per Investire in Borsa” risulta più attraente “**Investimenti Azionari Vincenti**”. In questo modo l’utente è più entusiasta, perché vengono evidenziati i vantaggi.

SEGRETO n. 38: Nella parte di attrazione indica i vantaggi del prodotto, per attirare il lettore.

La seconda parte è il cuore dello spazio pubblicitario. Devi passare al **racconto** e fornire dettagli e benefici interessanti relativi al prodotto o al servizio che intendi promuovere. Ad esempio, nel caso della guida per vincere in borsa potresti scrivere:

- Guadagnare anche scegliendo titoli a caso;
- Capire facilmente se l'azione salirà o scenderà;
- Vincere quando tutti perdono;
- Moltiplicare i guadagni del 2.000%.

SEGRETO n. 39: Nella parte del racconto descrivi i dettagli ed i benefici del prodotto.

In seguito, c'è la parte relativa all'**azione**, cioè indicare una frase che convinca il lettore ad acquistare il prodotto o il servizio pubblicizzato. In questa parte è molto utile indicare delle garanzie su ciò che hai illustrato. Ad esempio puoi inserire: *"Sostituzione Garantita per qualsiasi motivo"*. Inoltre, sempre in questa parte, devi motivare ancora di più il lettore all'acquisto con qualche offerta, ad esempio: *"Sconto del 50% ai primi 100 acquirenti"*. È molto interessante aggiungere un regalo, ad esempio: *"Affrettati e riceverai in regalo 4 guide dal valore commerciale di 396€"*.

SEGRETO n. 40: L'azione è una frase contenente offerte, garanzie e regali, necessari per convincere il lettore ad acquistare il prodotto.

C'è molta analogia tra le tecniche di pubblicità giornalistica e il sistema illustrato e messo in pratica, con estremo successo, dall'ing. Bruno per la promozione di prodotti su piattaforma online. Gli elementi principali sono:

Attrazione	=	Motivare
Racconto	=	Informare
Azione	=	Rassicurare

Ti ho illustrato un prodotto Bruno editore per farti capire una cosa fondamentale e cioè che sia nell'ambito della pubblicità online sia in quella offline, per motivare in pochi minuti il lettore all'acquisto di un prodotto devi: motivare, informare e rassicurare i lettori. Queste tecniche vengono illustrate dettagliatamente nell'ebook Fare Soldi Online con Blog e MiniSiti.

Quando promuovi i prodotti della Bruno Editore sei molto avvantaggiato, poiché già hai a disposizione degli efficientissimi minisiti di vendita a cui ispirarti per realizzare la tua locandina pubblicitaria.

SEGRETO n. 41: Ispirati ai minisiti di vendita della Bruno editore per realizzare locandine pubblicitarie vincenti.

A questo punto non resta altro che pubblicizzare il sito del prodotto in vendita. Anche in questo caso non puoi indicare il nome del sito completo del codice di affiliazione:

http://www.vincereinborsa.net/?pp=10808

Ma utilizza ancora una volta dell'appoggio del tuo sito internet, dove avrai già creato una cartella ed un file index.htm col redirect verso il minisito di vendita ufficiale col tuo codice di affiliazione, ad esempio: www.miosito/VincereInBorsa. Seguendo queste regole è molto probabile che l'utente visiti il sito internet pubblicizzato e, con buone probabilità, acquisterà il prodotto e tu guadagnerai la commissione sulla vendita.

Un buon layout pubblicitario deve essere strutturato nel seguente ordine:

1. Headline (Attrazione);
2. Visual (Attrazione e Racconto);
3. Pack Shot (Attrazione e Racconto);
4. Bodycopy (Racconto);
5. Pay Off o Baseline (Azione).

La **headline** è il titolo che apre la campagna pubblicitaria ed è necessario per attirare l'attenzione del lettore. È costituita da poche parole e in genere si presenta senza verbi, ad esempio: *"RENDITE SENZA INVESTIMENTI"*.

Il carattere è diverso rispetto a quello delle altre parti, in genere è più grande.

La **visual** aiuta la parte attrattiva e il racconto. È costituita da una fotografica di un soggetto, necessaria per attirare l'attenzione del lettore. Spesso vengono scelti personaggi famosi, come questa pubblicata sul quotidiano City.

Nel caso dei tuoi prodotti invece della foto è necessario inserire il **pack shot**, cioè la fotografia del prodotto da promuovere, ad esempio:

Il **bodycopy** costituisce la parte principale del racconto, in cui si descrivono i dettagli, le caratteristiche e i benefici del prodotto o servizio da promuovere. Infine c'è il **pay off** o baseline, cioè la frase per convincere il lettore ad acquistare il prodotto o il servizio pubblicizzato. In genere a fianco del pay off, si pone il logo dell'azienda produttrice.

SEGRETO n. 42: Un layout pubblicitario deve essere strutturato in cinque parti: Headline, Visual, Pack Shot, Bodycopy e Pay Off.

Uno layout pubblicitario, oltre alla struttura, deve inoltre rispettare le seguenti caratteristiche:

- Un corretto bilanciamento tra gli oggetti, ad esempio dimensione e collocazione;
- Il soggetto principale deve essere messo in rilievo;
- Gli oggetti devono avere una dimensione in proporzione con gli altri;

- Per non affaticare l'occhio e per dare maggiore attenzione al lettore, gli oggetti devono essere disposti nelle sequenze: da sinistra verso destra e dall'alto verso il basso;
- Gli oggetti devono appartenere alla stessa famiglia, ad esempio non posso mettere la foto di un auto e poi una foto di un computer (non hanno analogia).

Per ispirare la tua creatività, ti consiglio di dare uno sguardo alle locandine pubblicitarie dei più importanti giornali e riviste. Ricorda che non devi copiare, ma solo avere un'idea.

SEGRETO n. 43: Un layout pubblicitario deve inoltre rispettare: bilanciamento, rilievo del soggetto principale, proporzione, sequenza ed unica famiglia.

Ora che hai le basi su come impostare il layout pubblicitario, cioè come strutturare il testo e le immagini per realizzare uno spazio vincente, puoi passare alle tecniche di realizzazione. Prima, però, ti consiglio di fare uno schizzo del tuo progetto su un foglio di carta.

I programmi per la gestione della grafica si dividono in due categorie: la grafica pittorica e quella vettoriale. Un'immagine pittorica, ad esempio una foto, è costituita da un insieme di pixel. Il pixel rappresenta un puntino. È l'elemento grafico più piccolo che si possa avere. Un'immagine pittorica è costituita da tantissimi pixel indipendenti tra loro, pertanto è quasi impossibile modificarla a mano, puntino per puntino. È quindi necessario servirsi di programmi di fotoritocco, tra cui il più importante è Corel PhotoPaint.

Un'immagine vettoriale, a differenza di quella pittorica, è costituita, non da pixel, ma da vari elementi, come, ad esempio, forme geometriche, linee ecc. Pertanto possono essere facilmente modificati. La grafica vettoriale è quella che ti interessa.

SEGRETO n. 44: Realizza locandine pubblicitarie con software di grafica vettoriale.

Quindi, dovresti acquistare un programma che gestisca la grafica vettoriale (tra cui il Corel Draw) e fare un corso (magari per risparmiare tempo lo fai online, tipo quello offerto dal sito

HTML). Naturalmente vai incontro ad una spesa economica per l'acquisto del Corel Draw ed ad un costo di tempo per imparare questo programma. Per quanto riguarda l'acquisto del software, potrei sempre consigliarti alcuni programmi freeware, tra cui: Inkscape e Artweaver, ma non presentano le stesse funzioni del potentissimo Corel Draw e comunque resterebbe il problema di imparare ad usarli.

Per risolvere entrambi i problemi, ti consiglio di sfruttare un programma semplicissimo che sicuramente possiedi sul tuo PC, cioè il Publisher o addirittura l'Excel e di seguire questa breve serie di tecniche di grafica pubblicitaria. Risparmi tempo, soldi ed ottieni ottimi risultati.

SEGRETO n. 45: L'Excel può essere utilizzato come strumento di grafica vettoriale in modo semplice, economico ed efficace.

Nella grafica lo **spazio bianco** è di fondamentale importanza. Lo puoi già notare, ad esempio, con questo ebook. Sono assicurati ottimi margini ed una buona interlinea (cioè lo spazio tra la riga superiore e quella inferiore), che assicurano un'ottima leggibilità. Inoltre, non so se ci hai mai fatto caso, le pubblicità di prodotti costosi sono caratterizzati dalla maggior parte di spazio bianco e da pochi elementi come testo e immagini. Inoltre è meglio evitare sfondi elaborati che spesso sforzano solo l'occhio del lettore.

È inutile riempire il tuo spazio pubblicitario di immagini e clipart non attinenti. È, in questo caso, meglio inserirne al massimo un paio, possibilmente con la foto del prodotto ed il logo dell'azienda fornitrice.

SEGRETO n. 46: Non utilizzare troppi elementi nel layout pubblicitario, favorisci lo spazio bianco.

Per quanto riguarda il testo, non bisogna mai utilizzare troppi colori. E assicurati, per aumentare la leggibilità, che ci sia un buon **contrasto** tra il colore del testo e quello dello sfondo. Ad esempio, queste combinazioni sono errate, poiché come vedi risultano poco leggibili:

Rosso su Verde Blu su Rosso

Invece le più leggibili sono:

Prova **Prova** **Prova** **Prova** **Prova** **Prova**

È inoltre importante conoscere la psicologia dei colori. Se cerchi "psicologia dei colori" nei motori di ricerca, troverai tanti articoli su questo argomento, ad esempio suggerisco:

http://www.disinformazione.it/cromoterapia.htm#colori

L'articolo spiega il significato psicologico di ciascun colore. E ciò può essere molto utile per scegliere e abbinare un colore significativo per l'oggetto pubblicizzato.

Anche per il carattere vale la stessa regola dei colori: evitare di usare troppi tipi diversi. L'ideale sarebbe quello di utilizzare i font Serif, tra cui c'è il famoso Times New Roman, che è abbastanza leggibile (è quello utilizzato in questo ebook). Difficoltà nella lettura si manifestano anche nel caso di testi con lettere tutte maiuscole, specialmente nelle descrizioni. Conviene evitarli. Inoltre è meglio escludere anche lo stile corsivo (quello leggermente inclinato).

SEGRETO n. 47: Il testo del layout pubblicitario deve avere pochi colori, ottimo contrasto e font leggibili.

Per essere sempre aggiornati, ti ricordo che è molto utile ispirarsi ad altre immagini pubblicitarie, facendo attenzione a non copiare mai per evitare di infrangere il diritto d'autore.

Passiamo alla pratica. Come ti ho precedentemente illustrato, puoi realizzare un efficiente spazio pubblicitario in pochi passi, anche con l'Excel del pacchetto Office. Questo programma, oltre ad essere un potentissimo software per la gestione dei calcoli, possiede tutti gli strumenti base per la gestione di immagini e testo. Innanzitutto, devi far apparire la barra degli strumenti dei disegni scegliendo l'opzione del menù: Visualizza → Barra degli Strumenti → Disegno.

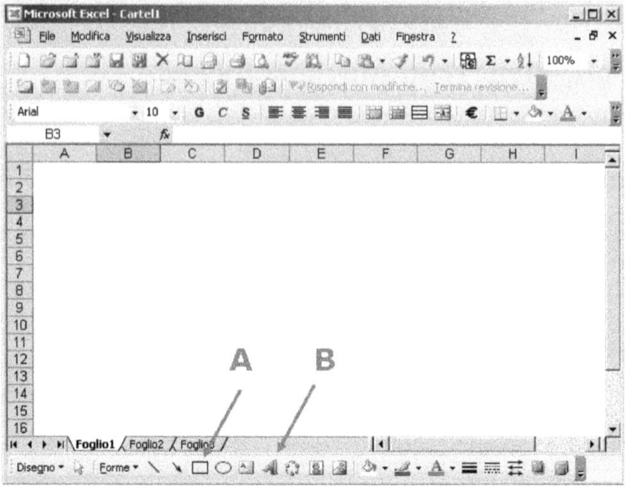

Come vedi, hai a disposizione tanti strumenti per realizzare la tua locandina pubblicitaria. Puoi iniziare a cliccare il pulsante "A" per disegnare un rettangolo. Questo può essere il contorno della tua locandina. Poi puoi passare all'inserimento del testo, cliccando il pulsante "B" (WordArt), con cui puoi scegliere una vasta raccolta di testi ad effetto grafico.

Infine, puoi aggiungere le varie immagini. Se possiedi i file delle immagini puoi inserire una di esse nel foglio di lavoro, con l'opzione: Inserisci → Immagine → Da File.

Volendo pubblicizzare un prodotto, puoi prendere la corrispondente foto da internet. Per fare questo, cliccaci sopra col tasto destro del mouse e scegli l'opzione "copia". Quindi riapri il foglio Excel e inseriscila in esso scegliendo l'opzione: Modifica → Incolla.

Tutti gli elementi del foglio Excel, cioè immagini e wordart, possono essere spostati e ridimensionati con l'ausilio del mouse a tuo piacimento. Seguendo le regole base di grafica pubblicitaria che ti ho illustrato in precedenza, avrai come risultato uno spazio pubblicitario degno di una grande azienda.

Al termine del lavoro, puoi salvare il file in formato Excel. Siccome le grandi testate giornalistiche accettano principalmente formati PDF (Portable Document Format - che può essere letto attraverso il software Adobe Reader), devi trasformare il tuo file in questo tipo.

Il programma che consente la conversione di un documento Office in PDF è: PDF to Word Converter.

SEGRETO n. 48: Converti la tua locandina pubblicitaria in un file formato PDF.

Prima di procedere, ti consiglio di definire l'area del tuo spazio pubblicitario. Per fare questa operazione: 1. tieni premuto il tasto sinistro del mouse, dal punto estremo in alto a sinistra, fino ad arrivare al punto finale in basso a destra; 2. scegli l'opzione: File → Area di Stampa → Imposta area di stampa.

Un altro trucco per avere idee e consigli, senza dover pagare una costosa consulenza di un'agenzia pubblicitaria, consiste nell'affidarti a **forum** specifici relativi alla grafica. Il migliore è senz'altro quello di HTML.

Una volta entrato nella sezione forum del sito scegli:
Grafica e Flash --> Grafica e Webdesign --> Loghi, banner e Layout

In questo forum puoi addirittura allegare il tuo file per farlo vedere a tutti gli iscritti per chiedere un parere.

SEGRETO n. 49: Sfrutta consigli e consulenze gratuite con i forum di grafica.

Naturalmente, per diventare un esperto grafico pubblicitario, devi seguire un corso di almeno 50 ore, spendendo circa 1.500 euro. E spesso non basta. In questi corsi ti vengono illustrati principalmente i software, ma il vero grafico deve essere portato per farlo. Quindi, se non te la senti, ti consiglio di affidarti a qualche azienda esperta nel campo per realizzare la parte grafica, oppure puoi servirti di locandine pubblicitarie già esistenti.

Ad esempio, per pubblicizzare i prodotti della Bruno Editore puoi utilizzare i suoi utilissimi **banner.** Con piccoli accorgimenti li puoi anche sfruttare come locandine pubblicitarie belle e pronte! Naturalmente puoi utilizzarli per pubblicizzare esclusivamente prodotti della Bruno Editore.

SEGRETO n. 50: Sfrutta i banner pubblicitari della Bruno Editore come locandine pubblicitarie già pronte.

Ebook, Libro e Videocorso "Seduzione"

Ebook, Libro e Videocorso "Lettura Veloce"

Ebook e Videocorso "Vincere in Borsa"

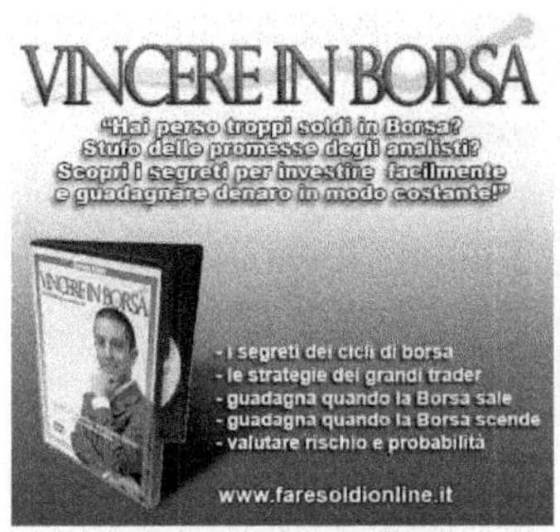

Autore: Ing. Giacomo Bruno

Ebook e Libro "Fare Soldi Online con eBay"

Autore: Ing. Giacomo Bruno

Ebook e Libro "Fare Soldi Online in 7 Giorni"

Ti consiglio di non modificarli perché sono ottimi, grazie alla bravura del grafico della Bruno Editore. Quello che puoi fare è inserire il link del tuo sito web che reindirizza verso la pagina di vendita col tuo codice di affiliazione. Questa semplice modifica la puoi fare rapidamente grazie alle locandine inserite nel foglio Excel in regalo, col testo del link già pronto per essere modificato.

Nello stesso foglio Excel troverai diversi layout già pronti per essere modificati. In questo modo puoi realizzare rapidamente e in modo efficace ottime locandine pubblicitarie, pronte per pubblicizzare gli altri prodotti a cui sei affiliato.

RIEPILOGO DEL GIORNO 4:

- SEGRETO n. 37: Struttura la locandina pubblicitaria in tre parti: attrazione, racconto e azione.
- SEGRETO n. 38: Nella parte di attrazione indica i vantaggi del prodotto, per attirare il lettore.
- SEGRETO n. 39: Nella parte del racconto descrivi i dettagli ed i benefici del prodotto.
- SEGRETO n. 40: L'azione è una frase contenente offerte, garanzie e regali, necessari per convincere il lettore ad acquistare il prodotto.
- SEGRETO n. 41: Ispirati ai minisiti di vendita della Bruno Editore per realizzare locandine pubblicitarie vincenti.
- SEGRETO n. 42: Un layout pubblicitario deve essere strutturato in cinque parti: Headline, Visual, Pack Shot, Bodycopy e Pay Off.
- SEGRETO n. 43: Un layout pubblicitario deve inoltre rispettare: bilanciamento, rilievo del soggetto principale, proporzione, sequenza ed unica famiglia.
- SEGRETO n. 44: Realizza locandine pubblicitarie con software di grafica vettoriale.

- SEGRETO n. 45: L'Excel può essere utilizzato come strumento di grafica vettoriale in modo semplice, economico ed efficace.
- SEGRETO n. 46: Non utilizzare troppi elementi nel layout pubblicitario, favorisci lo spazio bianco.
- SEGRETO n. 47: Il testo del layout pubblicitario deve avere pochi colori, ottimo contrasto e font leggibili.
- SEGRETO n. 47: Il testo del layout pubblicitario deve avere pochi colori, ottimo contrasto e font leggibili.
- SEGRETO n. 48: Converti la tua locandina pubblicitaria in un file formato PDF.
- SEGRETO n. 49: Sfrutta consigli e consulenze gratuite con i forum di grafica.

GIORNO 5:
Investire dopo aver Guadagnato

Dopo questa breve formazione sulla grafica pubblicitaria, puoi passare alla pubblicazione della tua locandina pubblicitaria.

La cosa prioritaria riguarda l'argomento di cui ti ho parlato in precedenza: **il target**. Affinché le tue vendite siano sostanziose dovrai mostrare i tuoi prodotti ai lettori giusti. Per fare ciò dovrai scegliere attentamente la testata giornalistica su cui pubblicizzare il prodotto a cui sei affiliato.

Naturalmente, dovrai tener conto anche del budget finanziario che disponi per la tua campagna pubblicitaria. È ovvio che se un giornale presenta costi di pubblicità superiori, ciò è dovuto al fatto che possiede più lettori. Di conseguenza il tuo prodotto viene "visto" da più persone e quindi si ottengono maggiori risultati economici. Inoltre, nei prossimi paragrafi, scoprirai come i costi non dovrebbero rappresentare un problema per te. Già nei capitoli precedenti, ti ho illustrato il profilo di alcune note testate giornalistiche (Il Sole 24 Ore, Il Messaggero, il Corriere della Sera, La Gazzetta dello Sport e City) e quali prodotti puoi pubblicizzare con esse. In seguito ti descrivo le restanti testate giornalistiche importanti.

Innanzitutto, per richiedere il servizio di pubblicità, non ti puoi rivolgere al giornale vero e proprio, ma alla **concessionaria di pubblicità**, cioè l'azienda che si occupa di gestire le campagne pubblicitarie della testata.

Le principali concessionarie di pubblicità dei più grandi giornali sono: Piemme S.P.A. e RCS Pubblicità.

http://www.piemmeonline.it/

La Piemme è una delle principali concessionarie di pubblicità Italiane, che si occupa dei quotidiani e dei famosissimi free press:

- Il Messaggero
- Il Mattino

- Il Gazzettino
- Leggo
- Nuovo Quotidiano di Puglia
- Corriere Adriatico
- La Nuova

Come tutte le grandi concessionarie di pubblicità, la Piemme accetta le locandine pubblicitarie in formato PDF. Non ci sono altri particolari requisiti. In ogni caso, la locandina potrà essere rielaborata dalla stessa concessionaria, con una modica spesa.

Gli spazi pubblicitari, a parte le posizioni fisse (ovvero prima e ultima pagina, rubriche particolari, supplementi ecc.), vengono divisi in moduli, ognuno dei quali ha dimensioni differenti a seconda della testata. Esistono diverse combinazioni di associazione dei moduli.

Naturalmente i prezzi di listino sono indicati per singolo modulo e tu devi moltiplicarli per la quantità che tu hai scelto. Inoltre, il prezzo dei moduli varia a seconda che tu intenda avviare una campagna sull'edizione nazionale o in quella locale.

SEGRETO n. 51: Le concessionarie di pubblicità dei più importanti giornali sono: Piemme e RCS Pubblicità.

Tralasciando il Messaggero, già visto in precedenza, ecco per te una panoramica sui principali quotidiani ed i relativi siti delle corrispondenti concessionarie di pubblicità (che contengono tutti i dati aggiornati).

IL MATTINO

Sito ufficiale: www.ilmattino.it

Conc. Pubblicità: http://www.piemmeonline.it/mattino_1.php

Il Mattino è il quotidiano più letto in Campania e non solo, la sua diffusione è disponibile in tutta Italia ed i lettori sono giovani. Questo dato ti fa capire che si possono pubblicizzare con successo i prodotti per la crescita personale e diversi oggetti "giovanili" presenti su eBay, tipo abbigliamento (in particolare quello per l'uomo, visto che lo sono il 65% dei lettori), viaggi, cellulari ecc.

Sito ufficiale: www.leggo.it

Conc. Pubblicità: http://www.piemmeonline.it/leggo_1.php

È il quotidiano gratuito più letto in Italia. Un'occasione di successo per pubblicizzare prodotti ad alto rendimento, come quelli della Bruno Editore. Ha lettori giovani ed equamente distribuiti tra maschi e femmine, quindi, anche in questo caso, si ottengono elevati successi con la pubblicità di prodotti per la crescita personale.

I restanti quotidiani sono principalmente concentrati in determinate regioni:

Il Gazzettino	Veneto
Nuovo Quotidiano di Puglia	Salento
Corriere Adriatico	Marche
La Nuova	Sud (bassa diffusione)

Essi sono utilissimi per pubblicizzare le attività offline, localizzate in determinate regioni. Ma questa parte la scoprirai nei capitoli successivi.

RCS Pubblicità

http://www.rcspubblicita.it/

RCS pubblicità si occupa di numerosissime testate giornalistiche, tra quotidiani e riviste: A, Amica, Bravacasa, Casamica, Case da Abitare, City Network, CorrierEconomia, Corriere della Sera, Corriere della Sera Magazine, Corriere del Trentino e dell'Alto Adige, Corriere del Veneto, Corriere di Bologna, Corriere Mezzogiorno Campania, Corriere Mezzogiorno Puglia, Corriere Milano, Corriere Roma, Dove, Dove Case, Economia & Management, Il Mondo, Io Cucino, Io Donna, L'Unione Sarda, La Gazzetta dello Sport, Max, Novella Duemila, Oggi, Sportweek, Style Magazine, TrovoCasa, Yacht & Sail, Visto e ViviMilano.

Le testate più importanti, ma soprattutto quelle che più ti interessano per seguire il tuo scopo, sono quelle che ti ho evidenziato. A parte quelle già illustrate (City, Corriere della Sera e la Gazzetta dello Sport), ce ne sono alcune davvero interessanti, tra cui Max.

http://max.corriere.it/

Max è una rivista mensile che vanta 843.000 lettori con un target maschile e giovane. Tratta articoli di moda, musica, cinema, viaggi, tendenze, quindi è particolarmente adatto per pubblicizzare i prodotti relativi a questi argomenti (disponibili su eBay) e quelli per la crescita personale.

SEGRETO n. 52: Con il Mattino, Leggo e Max puoi pubblicizzare con successo prodotti per la Crescita Personale ed oggetti "giovanili".

Anche la concessionaria RCS possiede sedi dislocate in tutta Italia. Inoltre è possibile richiedere, in sede, l'abilitazione per accedere al servizio online per l'invio dei materiali pubblicitari, anche in questo caso accettati in formato PDF.

Come ti ho già spiegato in precedenza, gli spazi pubblicitari vengono divisi in moduli. Naturalmente più moduli utilizzi e maggiore è la visibilità della tua locandina pubblicitaria e quindi il successo economico. Tu ovviamente penserai che in questo modo paghi di più la tua campagna pubblicitaria, ma il prezzo non è un problema, poiché il ritorno economico è elevato, quindi guadagni molto di più di quanto tu abbia investito.

SEGRETO n. 53: La quantità di moduli pubblicitari è proporzionale alla visibilità ed al successo economico della campagna pubblicitaria.

Inoltre, hai la possibilità di guadagnare prima di affrontare le spese pubblicitarie. Come? Utilizzando la **carta di credito**, normalmente accettata nelle principali concessionarie di pubblicità. Supponiamo che tu decida di pubblicizzare un prodotto della Bruno Editore. Come ben sai, le commissioni che tu guadagni ti vengono accreditate trimestralmente il 25 del mese successivo. Ad esempio, se nel mese di Marzo acquisti 1.000 euro di pubblicità con carta di credito e ottieni un ritorno economico di 2.000€, ad Aprile ricevi il bonifico della Bruno Editore relativo a questo importo. Le spese invece, utilizzando una delle carte di credito che offre fino a 60 giorni di credito senza interessi, ti vengono scalate a Maggio (due mesi dopo l'acquisto). In questo modo, hai prima guadagnato e poi hai investito!

SEGRETO n. 54: Sfruttando la carta di credito hai la possibilità di guadagnare prima delle spese pubblicitarie.

Inoltre, dopo aver contattato un agente della concessionaria di pubblicità PIEMME, ho scoperto che in sede valutano una soluzione di **dilazione** dei pagamenti.

Visto che il problema dei soldi è praticamente risolto, puoi pubblicare le tue locandine pubblicitarie in diverse testate giornalistiche, avendo sempre cura di scegliere il target appropriato.

Inoltre, conoscere il profilo di tante testate giornalistiche è fondamentale per due motivi: primo perché ti consente di avere a disposizione almeno un mezzo, dove poter pubblicizzare con successo qualsiasi prodotto; secondo perché ti consente di individuare un target mirato al 100%, ottenendo una maggiore quantità di vendite e di guadagni.

SEGRETO n. 55: Studia il profilo di tante testate per individuare un target preciso per qualsiasi prodotto da pubblicizzare.

Puoi trovare numerose e ottime testate nel sito FCP cioè la Federazione Concessionarie Pubblicità, che raggruppa le principali aziende che operano nella vendita di spazi pubblicitari su Televisione, Radio, Internet, Cinema, Quotidiani e Periodici (questi ultimi attinenti al tuo caso).

Le principali concessionarie di pubblicità presenti, associate a questo sito sono: Cairo e Mondadori.

http://www.cairocommunication.it/

Attraverso questa famosissima concessionaria di pubblicità è possibile acquistare spazi pubblicitari su alcuni noti periodici, che sicuramente avrai letto. In seguito ti indicherò quali sono i periodici più importanti ed il loro target ottimale.

For Men Magazine è un mensile per il benessere dell'uomo e tratta principalmente gli argomenti di: salute, fitness, sesso ed alimentazione.

Grazie all'affiliazione a eBay hai a disposizione una intera categoria da pubblicizzare, quella di "Bellezza e Salute", con le sue sottocategorie: abbronzatura, cura del corpo e la più adatta "linea uomo".

Inoltre puoi pubblicizzare con estremo successo l'ebook *Seduzione*, poiché questo periodico tratta argomenti sul sesso, e questa guida della Bruno Editore fornisce anche le tecniche per rendere più appagante la vita sessuale.

“Natural Style” è un mensile che può essere paragonato a “For Men” in versione femminile. Insieme a “Diva Donna” (che è abbastanza simile), tratta principalmente gli argomenti relativi a: moda, bellezza, alimentazione e salute.

Anche in questo caso puoi pubblicizzare i prodotti di “Bellezza e Salute” in vendita su eBay, che sono più specifici per le donne! Visto che questo periodico tratta l’argomento “salute”, puoi inoltre pubblicizzare con successo la guida Dieta 5-Sensi ed il nuovissimo ebook Ipnosi Segreta, che fornisce i segreti e le strategie dei più grandi ipnotisti del mondo, per entrare in stati di rilassamento profondo e gestire lo stress della vita quotidiana.

I settimanali “Dipiù” e “Dipiù TV” sono dei periodici che trattano principalmente dei programmi TV e delle interviste ai principali attori.

Sono settimanali per la famiglia, quindi hanno un vasto target ed una elevata readership, inoltre sono molto pubblicizzati in TV. Il fatto che siano settimanali per la famiglia ci fornisce il target ottimale per la “Casa e Arredamento”, categoria presente su eBay.

http://www.mondadoripubblicita.com

Quest'altra importante concessionaria di pubblicità, vanta oltre quaranta testate, tra periodici e quotidiani, su cui puoi pubblicizzare il tuo prodotto o servizio.

Ecco i giornali gestiti dalla Mondadori: 2TV, Almanacco Architettura, Cambio Automobile, Casa Facile, Casa Viva, Casa Viva Speciali, Casabella, Chi, Club 3, Cosmopolitan, Cucina Moderna, Cucina No Problem, Donna In Forma, Donna M. Casaidea, Donna Moderna, Economy, Evo, Famiglia Casa, Famiglia Cristiana, Flair, Focus, Focus Junior, Focus Pico, Grazia, Grazia Accessori, Grazia Casa, Guida D'interni, Il Giornale, Int.Des.King Size, Intern.Des.Arr.Cucina, Intern.Des.Bagno, Interni, Interni Panorama Magazine, Life Style, Men's Health, Panorama, Panorama First, Panorama Travel, Pc Professionale, Repertorio Ville Giardini, Sale e Pepe, Sorrisi e Canzoni Tv, Star Bene, Star Tv, Tu, Ville Giardini.

Come vedi, possiedi potenzialmente un target infinito. Inoltre, il sito di Mondadori Pubblicità, offre la possibilità di effettuare una ricerca mirata dei periodici, suddivisa per: target, target specifico e rubriche. In questo modo, potrai scegliere il giornale in base alla categoria di appartenenze del prodotto da pubblicizzare.

Il primo metodo di ricerca consiste nello scegliere un elemento di profilo base di target tra: Maschili, Femminili, Famiglie, Genitori & Bambini e Specializzati. Il secondo ed il terzo metodo di ricerca sono molto più avanzati, poiché si basano sulla scelta di un target specifico o di una rubrica.

Come vedi, non hai che da scegliere il prodotto da pubblicizzare e troverai sicuramente una o più riviste avente un target preciso ed appropriato. Inoltre, per ciascuna rivista indicata, troverai nel sito di Mondadori Pubblicità le informazioni base, già viste nei capitoli precedenti ed indispensabili per avviare con successo una campagna di pubblicità giornalistica:

- Profilo Editoriale
- Tariffe e Formati
- Calendario Uscite

- Informazioni tecniche
- Iniziative Speciali
- Speciali Editoriali
- Profili del Lettore
- Diffusione e Readership

Per completare questo capitolo, e per avere una vera e propria panoramica globale sulle più importanti testate giornalistiche Italiane, ti descrivo rapidamente ancora due concessionarie di pubblicità che gestiscono altri famosissimi quotidiani e periodici.

http://www.publikompass.it

Publikompass gestisce gli spazi pubblicitari di numerosi e famosi quotidiani e periodici. I quotidiani gestiti sono: La Stampa, L'Unità, il Giornale di Sicilia, La Sicilia, La Gazzetta del Mezzogiorno, la Gazzetta del Sud, Il Tempo, Il Giornale della Toscana, Metro, Corriere Mercantile / La Gazzetta del Lunedì, Corriere dell'Umbria, Il Denaro, Corriere di Caserta, Cronache di

Napoli, La Cronaca, Corriere dello Sport-Stadio (locale), Tuttosport (locale).

Mentre i periodici gestiti sono: Specchio +, Top Girl, Geo, Al Volante, In Sella, Fox Uomo, Partiamo, Illustrato e Sicilia l'Isola del Tesoro.

Anche in questo caso hai un vasto target. Inoltre, il sito offre le informazioni più importanti per ciascun giornale: diffusione, lettori, listino, formati, dati tecnici, piccoli annunci (per le testate in cui è previsto il servizio) e contatti. Accedendo al sito PubliK@, è previsto l'invio di materiale pubblicitario digitale da pubblicare (non solo per le agenzie pubblicitarie). Anche in questo caso, vengono accettati file in formato PDF.

Tra tutti i famosi giornali di questa concessionaria, voglio illustrarti il profilo di Metro. Esso è il quotidiano internazionale a diffusione gratuita più letto nel mondo e, solo in Italia, vanta una tiratura per un totale complessivo pari a 850 mila copie distribuite ogni giorno.

Secondo l'indagine Audipress 2006, Metro in Italia conta 1.647.000 lettori al giorno, la cui maggioranza si conferma giovane, con una forte concentrazione di laureati, in prevalenza impiegati e studenti appartenenti al ceto medio/alto. Sono tutti dati che forniscono un target mirato ai prodotti di Crescita Professionale.

http://www.manzoniadvertising.com

L'ultima concessionaria di pubblicità illustrata, per completare una panoramica globale del nostro mercato, è la A.Manzoni & C. SpA.

SEGRETO n. 56: La Mondadori, Cairo, Publikompass e Manzoni completano l'elenco di concessionarie di pubblicità più importanti in Italia.

Questa società gestisce in esclusiva i mezzi di comunicazione del noto gruppo editoriale l'Espresso.

http://www.gruppoespresso.it

Il Gruppo Editoriale Espresso è una società quotata in borsa. È una delle più importanti aziende Italiane del settore media, con attività presenti anche nelle aree della stampa quotidiana e periodica.

Tralasciando i giornali locali, utili soprattutto per promuovere attività offline (che vedrai nei capitoli successivi), i principali quotidiani e periodici gestiti da questa concessionaria sono: la Repubblica (con i suoi supplementi, tra cui Affari & Finanza ed I Viaggi), L'Espresso, National Geographic Italia, Le Scienze, Limes, MicroMega, le Guide dell'Espresso e Mente & Cervello.
Tra questi giornali ci sono alcuni che sembrano fatti proprio per pubblicizzare con successo alcuni prodotti:

- Affari & Finanza → Prodotti per la crescita finanziaria
- I Viaggi → Categoria "Viaggi" di eBay

- Mente & Cervello → Guide PNL ed Ipnosi

Per farti capire la potenza e l'elevato ritorno economico degli spazi pubblicitari, ti mostro -tra i tanti miei investimenti- quello più piccolo, che mi ha fruttato comunque un elevato ritorno economico.

Lo spazio che ho diffuso pubblicizzava il servizio di "Club Kicè" (servizio di affiliazione offerto da TradeDoubler), il famoso portale per chattare e conoscere i single. Questo programma di affiliazione offre fino a 6€ per ogni iscrizione portata sul sito.

Qui di seguito riporto la locandina pubblicitaria che ho realizzato per pubblicizzare Club Kicè. Lo spazio pubblicitario lo puoi trovare anche nel foglio Excel, in regalo con la guida, e puoi tranquillamente modificarlo indicando il tuo sito di appoggio, oppure puoi sfruttarlo per altri analoghi servizi da rivendere.

Come vedi è semplicissima e l'ho pubblicizzata con uno spazio a singolo modulo ed a singola uscita, ma nella pagina relativa alla rubrica "Messaggi Personali" di una rivista di annunci economici.

Con un misero costo di pubblicità, ho ottenuto tante iscrizioni, tali da farmi guadagnare più del doppio del mio investimento. E ti ho citato solo il caso di un singolo spazio pubblicitario, di un solo programma di affiliazione (con provvigioni basse), costituito da un singolo modulo, pubblicizzato su una sola rubrica e su un'unica rivista, che conta poche migliaia di lettori.

Pensa un po', invece, a quanto puoi guadagnare sfruttando il ritorno economico offerto dagli spazi pubblicitari, col redditizio programma di affiliazione della Bruno Editore, pieno di prodotti di elevata qualità, con provvigioni altissime, su numerose riviste di notevole importanza. I tuoi guadagni salirebbero alle stelle!

RIEPILOGO DEL GIORNO 5:

- SEGRETO n. 51: Le concessionarie di pubblicità dei più importanti giornali sono: Piemme e RCS Pubblicità.
- SEGRETO n. 52: Con il Mattino, Leggo e Max puoi pubblicizzare con successo prodotti per la Crescita Personale ed oggetti "giovanili".
- SEGRETO n. 53: La quantità di moduli pubblicitari è proporzionale alla visibilità ed al successo economico della campagna pubblicitaria.
- SEGRETO n. 54: Sfruttando la carta di credito hai la possibilità di guadagnare prima delle spese pubblicitarie.
- SEGRETO n. 55: Studia il profilo di tante testate per individuare un target preciso per qualsiasi prodotto da pubblicizzare.
- SEGRETO n. 56: La Mondadori, Cairo, Publikompass e Manzoni completano l'elenco di concessionarie di pubblicità più importanti in Italia.

GIORNO 6:

Fare Soldi con Annunci Online

Nel capitolo 3 ti ho già illustrato la potenza degli annunci economici per ottenere elevati guadagni, a basse spese o addirittura a zero costi, tramite l'uso della tecnica del software "autorisponditore" sul cellulare.

Tutto questo è stato possibile grazie al fatto che le riviste economiche ti offrono la possibilità di inserire gratuitamente un annuncio. Ma non sono solo le riviste "cartacee" ad offrirti gratuitamente questo servizio. Ci sono anche siti che non possiedono la rivista in edicola, ma offrono il "giornale" online, dove inserire e consultare gli annunci.

SEGRETO n. 57: Sfrutta tutti i siti di annunci online per pubblicizzare i prodotti a cui sei affiliato.

Anche in questo caso non ti offrono la possibilità di pubblicizzare un sito internet, ma sfruttando la potentissima tecnica segreta del "autorisponditore", e utilizzando tutti i siti di annunci online, potrai fare soldi a palate!

Pubblicita OFFLINE + Pubblicita ONLINE = RICCHEZZA

SEGRETO n. 58: Un elevato successo economico si raggiunge vendendo prodotti pubblicizzati da campagne sia online che offline.

In rete ci sono decine di siti web che offrono questo servizio, basta andare in un motore di ricerca qualsiasi, tipo Google, ed indicare queste parole:

annunci

annunci economici

annunci online

annunci gratis

bacheca annunci

annunci compra vendita

siti annunci

inserzioni gratis

inserzioni gratuite

compra vendita

cerco

SEGRETO n. 59: Cerca su Google i principali siti che offrono servizio gratuito di annunci online.

Per farti risparmiare tempo, qui di seguito ti segnalo i principali siti che offrono il servizio di annunci online gratuiti, con le relative istruzioni per l'inserzione.

Secondamano.it

www.secondamano.it

Questo famosissimo sito di annunci online (che corrisponde anche alla rivista cartacea diffusa nel Nord-Italia), consente la pubblicazione gratuita di inserzioni.

Per pubblicare un'inserzione è necessario creare un account. Per farlo clicca sul link "registrati", dove devi indicare i tuoi dati. A questo punto puoi pubblicare la tua inserzione, cliccando su "Inserisci annuncio" in corrispondenza della rubrica da te scelta. Visti i numerosi prodotti in vendita sui tanti programmi di affiliazione che ti ho illustrato, tutte le rubriche possono esserti utili.

Però devi fare attenzione, poiché l'inserzione gratuita su questo sito presenta alcuni limiti. Ad esempio c'è il limite di massimo un annuncio contemporaneo per le categorie Case e Attività Commerciali, Auto-Moto e Ricerca Lavoro e Servizi ed il limite di cinque annunci contemporanei per la categoria Compro e Vendo. Ti consiglio di dare prima uno sguardo alle Condizioni Generali del sito.

www.subito.it

Anche questo sito consente l'inserzione di annunci online gratuiti e non necessita neanche di registrazione.

Dalla home page basta che tu scelga una regione. Quindi devi cliccare sul link "Inserisci Annuncio" ed indicare tutti i dati della tua inserzione: regione, provincia, categoria, nome, email, telefono, tipo di annuncio, titolo, testo, prezzo ecc. Fai particolarmente attenzione al titolo ed al testo e segui i miei suggerimenti indicati nei capitoli precedenti su come creare annunci attraenti.

Inoltre è possibile allegare fino a due foto del prodotto, utili per mostrare il prodotto e il marchio dell'azienda fornitrice. L'annuncio sarà pubblicato gratuitamente per la durata di 60 giorni.

AFFARILANDIA

www.affarilandia.com

Per pubblicare gratuitamente i tuoi annunci su questo famoso portale, devi creare un nuovo account, cliccando su "registrati gratis". Quindi ricevi l'email necessaria per l'attivazione del tuo account. A questo punto puoi pubblicare la tua inserzione, cliccando su "inserisci annunci". Adesso devi scegliere una categoria tra quelle elencate. Infine ti vengono richiesti i seguenti dati:

- Tipo annuncio *Sceglierai "Vendo", naturalmente*

- Provincia
- Marca
- Modello
- Stato
- Testo
- Prezzo
- Foto *Allega una foto del tuo prodotto*

Al termine della compilazione dei campi, clicca su "Accetto il regolamento e trasmetto l'annuncio" per pubblicare la tua inserzione.

www.annuncia.it

Dalla home page di questo sito, clicca su: "Inserisci Annunci". Quindi clicca sull'icona relativa alla categoria del tuo prodotto. A questo punto si apre una pagina dove devi indicare alcuni dei tuoi dati personali ed altri relativi al tuo annuncio:

- Nome
- Provincia

- Categoria
- Titolo annuncio
- Testo annuncio
- Email

Un volta compilati questi campi obbligatori, devi accettare l'informativa sulla privacy e cliccare su "Invia" per trasmettere l'annuncio. Quindi ti arriva un'email di conferma di ricezione dell'annuncio. Un'altra successiva ti conferma, invece, la pubblicazione dell'annuncio. Da questo sito inviano poi saltuariamente delle email in cui ti informano sul numero delle visualizzazioni ottenute dal tuo annuncio.

www.affari.it

Per pubblicare la tua inserzione su questo famoso portale, devi cliccare -dalla home page- il pulsante "Inserisci il tuo annuncio". A questo punto si apre una finestra dove devi compilare i seguenti campi:

- Regione
- Categoria
- Titolo dell'annuncio
- Testo dell'annuncio
- Dati anagrafici
- Foto

Dopo aver accettato l'informativa sul trattamento dei dati personali, puoi cliccare su "Invia l'annuncio". L'annuncio viene pubblicato per 30 giorni sul sito.

www.cercaoffri.it

Dalla home page del sito devi cliccare sull'icona relativa alla categoria dei tuoi annunci. A questo punto si apre una pagina in cui devi cliccare sul link "Inserisci annuncio". Ti viene richiesta la scelta tra "Offro" oppure "Cerco", naturalmente indica la prima.

Poi ti vengono richiesti i soliti dati anagrafici e quelli del tuo annuncio, tra cui il sito web. Questo è ottimo per pubblicizzare il tuo sito di appoggio, che reindirizza gli utenti verso i prodotti con i codici di affiliazione.

www.annunciaaa.it

Anche in questo sito è prevista la creazione di un account, attraverso il link "Registrazione gratuita", presente nella home page. Nella pagina di registrazione ti chiedono di indicare i tuoi dati: Nome, Cognome, Username, Password ed email. Quindi ti arriva un'email per l'attivazione del tuo account, e tramite questa puoi effettuare la login dalla home page.

Per trasmette un'inserzione devi cliccare il link "Inserisci annuncio", scegliere una categoria e compilare i seguenti campi:

- Indirizzo
- Località
- Provincia
- Telefono

- Categoria
- Cerco/Offro
- Oggetto Annuncio
- Annuncio
- Prezzo

Fatto ciò, puoi trasmettere la tua inserzione cliccando su "Inserisci annuncio". Essa viene pubblicata per ben cinque mesi. Hai inoltre la possibilità di inserire una foto del prodotto. Questa operazione è possibile dopo aver trasmesso l'inserzione, cliccando il link "Gestione annunci".

www.barattare.net

Per pubblicare gratuitamente un annuncio su questo sito, scegli e clicca sulla categoria appropriata dalla home page. A questo punto si apre una pagina con le sotto-categorie. Clicca su "pubblica", in corrispondenza di quella da te scelta.

Non è richiesta la registrazione, ma devi indicare i seguenti dati:

- Tipo di Annuncio
- Email
- Nome
- Nazione
- Provincia
- Città
- Testo dell'Annuncio
- Eventuale sito attinente l'annuncio

Naturalmente in "tipo di annuncio" devi indicare "Offro" e nel campo "Eventuale sito attinente l'annuncio" puoi indicare il tuo sito di appoggio. Al termine, trasmetti la tua inserzione cliccando su "Invia Annuncio".

www.adoos.it

Per pubblicare un'inserzione in questo importante sito, devi cliccare il link "Inserisci un Annuncio GRATUITO", presente nella home page. A questo punto scegli la categoria del tuo annuncio ed una o più sottocategorie. Fatto ciò compila i seguenti campi:

- Titolo dell'annuncio
- Tipo di inserzionista (Privato o Agenzia)
- Prezzo
- Testo dell'annuncio
- Città
- Email
- Foto

Al termine vai su "Continua", rivedi e conferma l'annuncio. Quindi clicca il link presente nell'email che riceverai per attivare la pubblicazione.

http://www.aaannunci.it/

Questo è l'ultimo sito proposto per pubblicare inserzioni online gratuite. Puoi inviarle andando su "inserisci annuncio". Quindi indica i seguenti campi obbligatori:

- Tipo di annuncio (Offro/Vendo oppure Cerco/Acquisto)
- Categoria e Sottocategoria
- Titolo
- Testo
- Regione e città
- Email
- Password
- Foto (facoltativa ma indispensabile)

Al termine puoi vedere l'anteprima della tua inserzione e confermarla cliccando su "Inserisci annuncio".

RIEPILOGO DEL GIORNO 6:

- SEGRETO n. 57: Sfrutta tutti i siti di annunci online per pubblicizzare i prodotti a cui sei affiliato.
- SEGRETO n. 58: Un elevato successo economico si raggiunge vendendo prodotti pubblicizzati da campagne sia online che offline.
- SEGRETO n. 59: Cerca su Google i principali siti che offrono servizio gratuito di annunci online.

GIORNO 7:
Guadagnare di più con la propria Attività

Fino ad ora hai visto le più importanti tecniche di marketing giornalistico, abbinate ai programmi di affiliazione, per ottenere un immediato guadagno senza troppi impegni di lavoro.

Normalmente, le persone che scelgono i prodotti per la crescita finanziaria, già possiedono un lavoro e vogliono assicurarsi una rendita di denaro in più. Con i prodotti di crescita finanziaria della Bruno Editore puoi realizzare questo sogno: guadagnare denaro extra, dedicando pochissimo tempo al giorno.

Con questa guida potrai anche scoprire i segreti per guadagnare di più con il tuo lavoro. Magari se sei un lavoratore dipendente e pensi di poter saltare questo capitolo, perché non ti porterà alcun profitto, ti dico che non è così. Chiunque, infatti, può mettersi in proprio, anche se ha già un lavoro dipendente.

Immagino che tu abbia un hobby, un'attività che ti appassioni, anche se puoi dedicarle solo una piccola parte del tuo tempo al giorno. Puoi trasformare questa tua passione in una attività commerciale. Ad esempio, mettiamo che tu sia un collezionista di francobolli, e, se ne sei appassionato, vuol dire che te ne intendi. Allora potresti far diventare questa attività un commercio. Temi che le spese siano alte? Certo, avere un negozio filatelico comporterebbe spese di affitto, personale, energia elettrica ecc. E poi dovresti interrompere il tuo lavoro da dipendente.

La soluzione che ti offro, invece, è quella di trasformare questo tuo hobby in un'attività online. Risparmieresti tante spese. O meglio potresti avviarla a costo zero sfruttando eBay, il noto sito di aste online. Naturalmente c'è molta concorrenza e se sei proprio interessato ad avviare un'attività sul più importante sito di aste online, ti consiglio di leggere l'ebook Fare Soldi Online con eBay.

SEGRETO n. 60: Trasforma il tuo hobby in un'attività di commercio elettronico su piattaforma eBay.

A questo punto potresti moltiplicare le vendite ed i guadagni, potenziando i link dei tuoi prodotti su eBay con una campagna di pubblicità giornalistica. Inoltre risparmieresti i soldi che avresti dovuto dare ad un'agenzia pubblicitaria, che probabilmente ti avrebbe dato risultati inferiori a quelli che puoi realizzare tu sfruttando queste tecniche.

SEGRETO n. 61: Potenzia la tua attività sia online sia offline con una campagna pubblicitaria giornalistica.

Diversamente dai programmi di affiliazione - dove tutto è già pronto, dal prodotto da pubblicizzare, il logo dell'azienda, la descrizione e i dettagli del prodotto ecc. - dovrai occuparti di queste cose. E questo vale sia che tu voglia pubblicizzare la tua attività online, sia quella offline.

Nel caso in cui tu decida di pubblicizzare la tua attività, il tuo prodotto o il tuo servizio con un annuncio economico, il discorso è molto semplice. Basta che tu scelta un messaggio adatto che attiri i visitatori, ad esempio: *"Acquista Rari e Preziosissimi*

Francobolli a Prezzi Convenienti. 333.xx.xx.xxx oppure visita il sito: www.miosito.it/francobolli"

Ti ho riportato un annuncio per un'ipotetica attività di filatelico. Come già spiegato in precedenza, l'annuncio è importante perché, non solo deve informare il lettore dell'esistenza del prodotto, ma deve pure motivarlo all'acquisto. Nel caso precedente, per "attirare" il lettore ho utilizzato i termini: Rari, Preziosissimi e Prezzi Convenienti.

Anche in questo caso puoi utilizzare la procedura per studiare il Mercato Pubblicitario di Google e per scoprire degli ottimi annunci.

Nel caso in cui sei interessato a uno spazio pubblicitario, dovrai impegnarti un po' di più, ma naturalmente i risultati economici saranno estremamente superiori. Però, prima di passare alla realizzazione di una locandina pubblicitaria, dovrai occuparti di realizzare un logo della tua attività. Non importa che tu abbia una multinazionale o una piccolissima ditta individuale, il **logo aziendale**, cioè la rappresentazione grafica del marchio della tua azienda, è fondamentale. Ti consiglio vivamente di utilizzare il nome che hai scelto per il sito d'appoggio, per promuovere i prodotti a cui sei affiliato.

La regola principale di un logo è che deve essere **unico ed originale**. In questo modo esso non verrà confuso con altri marchi e potrà essere ricordato bene dal cliente.

SEGRETO n. 62: Realizza un logo che rappresenti la tua attività, che sia unico ed originale.

Anche in questo caso, per realizzare il tuo logo, è necessario utilizzare un programma di grafica vettoriale, che ancora una volta potrai sostituire con l'Excel in modo semplice ed efficace.

Visto che deve essere originale ed unico, ti sconsiglio di utilizzare i font di sistema, ma di cercarne degli altri. In rete esistono decine di siti che ti offrono gratuitamente dei font. Basta che cerchi su un qualsiasi motore di ricerca, tipo Google, le parole: fonts free oppure fonts gratis. Il sito ti restituirà diversi siti, tra cui sicuramente: http://font.html.it. A questo punto puoi scegliere quello più adatto al nome della tua azienda. Potresti ad esempio scrivere in una pagina il nome (non troppo grande) con tutti i font che ti sembrano più appropriati e quindi scegliere quello più adatto.

SEGRETO n. 63: Affinché il tuo logo sia originale, utilizza font nuovi, diversi da quelli di sistema.

A questo punto puoi creare effetti diversi tra le due parole, proprio come avviene nei loghi delle principali aziende:

Come vedi hai tante possibilità, puoi usare dimensioni diverse come nel caso di "RCS Pubblicità" oppure variare i colori come in "TradeDoubler" oppure usare il grassetto per una sola parola come in "ClickBank". Potresti inoltre modificare una lettera, ad esempio renderla più grande rispetto alle altre.

SEGRETO n. 64: Crea effetti grafici tra le lettere e le parole del tuo logo, variando colori, dimensioni, stile.

Sempre per rendere il tuo logo più unico e originale, puoi aggiungere un clipart.

È inoltre utile inserire delle semplici forme, tipo: cerchi, quadrati, rettangoli, ovali. La cosa importante è che sia semplice e non troppo grande. Ricorda la regola che ti ho enunciato per le locandine pubblicitarie: non utilizzare troppi colori.

SEGRETO n. 65: Aggiungi semplici clipart e forme geometriche nel tuo logo per renderlo ancora più originale.

Se ritieni di non essere "portato" a disegnare un logo, puoi ispirarti ad alcuni siti che realizzano loghi online, tipo: Cool Text e Vista Print.

Anche in questo caso, come per gli spazi pubblicitari, puoi affidarti alla consulenza gratuita del forum relativo alla grafica di HTML.

SEGRETO n. 66: Utilizza i siti per la creazione di loghi online e sfrutta consigli e consulenza gratuita dai forum di grafica.

Ora che hai il tuo logo, puoi passare alla creazione di una locandina pubblicitaria. La struttura di un layout pubblicitario è sempre quella spiegata in precedenza:

- Attrazione
- Racconto
- Azione

Ecco ora un interessante esempio di come ho pubblicizzato, con grande successo, attraverso una locandina pubblicitaria, l'attività di un mio amico commercialista (i dati sono fittizi).

1° Parte: Attrazione
FINANZIAMENTI IMMEDIATI A FONDO PERDUTO

2° Parte: Racconto
Analisi dell'attività imprenditoriale
Studio dei requisiti per ottenere il finanziamento
Compilazione della domanda di richiesta

3° Parte: Azione

VALUTAZIONE GRATUITA

Ecco il risultato finale della locandina pubblicitaria:

SEGRETO n. 67: Studia e realizza il layout pubblicitario della tua attività con la struttura di attrazione, racconto ed azione.

Quando promuovi la tua attività devi analizzare attentamente il target. Per un'attività offline, la parte fondamentale del target riguarda **il territorio**. È chiaro che, se svolgi un'attività di commercialista a Roma, non puoi pubblicizzarla pure a Milano o in tutta Italia, sprecheresti denaro inutilmente.

SEGRETO n. 68: Il territorio rappresenta il target principale per la campagna pubblicitaria della tua attività.

Se intendi avviare una campagna pubblicitaria basata su annunci economici, scegli la rivista presente nell'edicola della tua città. Puoi aiutarti l'elenco che ti ho fornito nel capitolo 3.

Sempre nell'ambito degli annunci economici, la seconda fase del target consiste nella scelta della rubrica su cui pubblicare il testo. Queste rubriche variano secondo la tua attività, le più adatte potrebbero essere "Lavoro Specializzato – Offerte" oppure "Servizi". Se invece vuoi pubblicizzare un tuo prodotto, cerca la categoria più appropriata tra quelle esistenti.

Invece, se desideri realizzare una grande campagna pubblicitaria con l'acquisto di uno o più spazi, devi occuparti di scegliere accuratamente una testata giornalistica, studiando il profilo della tua attività e quello del giornale. Per fare ciò poniti innanzitutto la seguente domanda: a chi può interessare la mia attività?

A questo punto ti consiglio di prendere un foglio di carta e tracciare una serie di colonne per ciascuno di questi dati:

Sesso

Maschio

Femmina

Età

14-17

18-24

25-34

35-44

45-54

55-64

oltre 64

Titolo di studio

- Laurea
- Diploma
- Licenza media
- Licenza elementare
- Nessun titolo

Classe economica

- Superiore
- Media
- Inferiore

Professione

- Imprenditore
- Impiegati
- Negozianti
- Operai
- Casalinghe
- Studenti
- Pensionati

Per ciascuno di questi parametri assegna un valore da 1 a 10, proporzionalmente a quanto il dato è relativo alla tua attività.

A questo punto confronta i tuoi parametri con quelli forniti dalle concessionarie di pubblicità delle varie testate giornalistiche, e scegli quelle il cui profilo si avvicina maggiormente a quello della tua attività.

SEGRETO n. 69: Ricerca il target, confrontando il profilo di una testata giornalistica con i medesimi dati della tua attività.

Per avere un target più preciso ed una campagna più economica che sia sempre basata sugli spazi pubblicitari, puoi servirti -ancora una volta- delle riviste di annunci economici. La maggior parte di esse vende spazi pubblicitari. Il vantaggio è che oltre ad avere un target territoriale mirato, puoi decidere su quale rubrica far apparire la tua locandina pubblicitaria.

SEGRETO n. 70: Sfrutta gli spazi pubblicitari venduti sulle riviste di annunci economici per avere una campagna economica e mirata.

Grazie alle strategie che ti ho indicato, con un po' di impegno ed azioni pratiche, puoi realizzare campagne pubblicitarie di attività offline, dalla A alla Z, degne del lavoro di un grafico professionista.

A questo punto ti suggerisco di proporre ad un amico, titolare di un lavoro in proprio, di fargli moltiplicare i suoi guadagni. Spiegagli che, con un minimo investimento, puoi organizzare per lui un'efficientissima e completa campagna pubblicitaria giornalistica, proprio come ho fatto io (con estremo successo) con il mio amico commercialista.

Ad essere sincero, quando ho proposto la pubblicità giornalistica al mio amico, gli ho spiegato dall'inizio che non volevo un compenso. Infatti lo facevo solo per fare un po' di pratica, per testare le tecniche su diverse attività offline. Eppure, quando lui ha raggiunto eccellenti risultati economici, come prima cosa ha insistito per pagarmi, e poi mi ha chiesto di potenziare la sua campagna pubblicitaria.

SEGRETO n. 71: Fai pratica organizzando campagne pubblicitarie giornalistiche complete, ad amici titolari di lavori autonomi.

RIEPILOGO DEL GIORNO 7:

- SEGRETO n. 60: Trasforma il tuo hobby in un'attività di commercio elettronico su piattaforma eBay.
- SEGRETO n. 61: Potenzia la tua attività sia online sia offline con una campagna pubblicitaria giornalistica.
- SEGRETO n. 62: Realizza un logo che rappresenti la tua attività, che sia unico ed originale.
- SEGRETO n. 63: Affinché il tuo logo sia originale, utilizza font nuovi, diversi da quelli di sistema.
- SEGRETO n. 64: Crea effetti grafici tra le lettere e le parole del tuo logo, variando colori, dimensioni, stile...
- SEGRETO n. 65: Aggiungi semplici clipart e forme geometriche nel tuo logo per renderlo ancora più originale.
- SEGRETO n. 66: Utilizza i siti per la creazione di loghi online e sfrutta consigli e consulenza gratuita dai forum di grafica.
- SEGRETO n. 67: Studia e realizza il layout pubblicitario della tua attività con la struttura di attrazione, racconto ed azione.
- SEGRETO n. 68: Il territorio rappresenta il target principale per la campagna pubblicitaria della tua attività.

- SEGRETO n. 69: Ricerca il target, confrontando il profilo di una testata giornalistica con i medesimi dati della tua attività.
- SEGRETO n. 70: Sfrutta gli spazi pubblicitari venduti sulle riviste di annunci economici per avere una campagna economica e mirata.
- SEGRETO n. 71: Fai pratica organizzando campagne pubblicitarie giornalistiche complete, ad amici titolari di lavori autonomi.

GIORNO 8:
Article Marketing

Cosa sono gli **articoli giornalistici?** Un insieme di parole, frasi, paragrafi che hanno lo scopo di considerare un argomento per informare i lettori. Trattano di cronaca, politica, economia, sport, gossip, viaggi e tanti altri argomenti.

Parlando di giornale possiamo dividerlo in due parti principali: gli articoli e la pubblicità. Secondo te esiste un po' di pubblicità negli articoli? La risposta è sicuramente sì. E te lo dimostro subito. Hai mai sentito parlare di **rassegna stampa**? Prendiamo quella della Bruno Editore, ad esempio. È una pagina in cui vengono raccolti tanti articoli che parlano, appunto, dell'azienda e dei suoi ebook. Alcuni di questi articoli, pur non indicando l'indirizzo del sito web (www.brunoeditore.it), costituiscono pubblicità.

Ad esempio sul quotidiano Leggo è uscito l'articolo: "*Casanova si diventa*", in cui si parlava anche del libro *Seduzione* di

Giacomo Bruno, che era al momento in uscita. E non è pubblicità questa? I lettori interessati sicuramente sono andati nelle librerie a cercare la guida, oppure hanno digitato su internet "Giacomo Bruno" per trovare subito il sito del prodotto.

SEGRETO n. 72: Gli articoli giornalistici possono includere pubblicità.

Se la Bruno Editore avesse acquistato uno spazio pubblicitario di quelle dimensioni in edizione nazionale, sulla testata giornalistica "Leggo", l'avrebbe pagato oltre 3.000€. Invece, grazie a quell'articolo, ha ricevuto un'elevatissima pubblicità a costo zero, ottenendo guadagni strepitosi. Ora ti chiedo, perché non farlo anche tu? Con un articolo puoi ottenere una pubblicità immensa, che, se l'avessi dovuta pagare, ti sarebbe costata tantissimo, mentre tu puoi farlo senza spendere un euro.

Non sempre occorre essere giornalisti, per poter partecipare ad una testata giornalistica. Anzi, questo è un business molto diffuso che prende il nome di **Article Marketing**.

SEGRETO n. 73: L'Article Marketing è una potentissima forma pubblicitaria a zero spese.

Naturalmente non è realistico pensare di poter scrivere per una testata giornalistica che stampa oltre 1 milione di copie al giorno.

Questo per due motivi:

- Esistono già i giornalisti alle dipendenze di questi giornali
- Per poter collaborare con le testate giornalistiche importanti occorre essere iscritto all'albo professionale

Esistono quattro figure di giornalisti, riconosciuti dall'albo professionale:

- Giornalista Professionista, che esercita in modo esclusivo e continuativo la professione di giornalista;
- Giornalista Pubblicista, che svolge un'attività giornalistica occasionale, ma retribuita.
- Giornalista Praticante, che, dopo un periodo di praticantato, deve svolgere un esame per diventare professionista;
- Giornalista Free-Lance, che è un collaboratore esterno.

Probabilmente tu non appartieni a nessuna di queste figure professionali, ma esistono diverse soluzioni per il tuo scopo. Ma prima di parlare di questo, vediamo come strutturare un articolo.

Esiste una regola generale per creare un articolo. Sembra che venga dal mondo anglosassone ed è stata tramandata dallo studioso Harold Dwight Lasswell. Si chiama la **regola delle 5 W**:

- Who? = chi?
- What? = cosa?
- Where? = dove?
- When? = quando?
- Why? = perché?

In pratica, affinché un articolo sia completo, deve rispondere a queste cinque domande. Questo permette al lettore di trovare risposte.

SEGRETO n. 74: Un articolo giornalistico deve rispondere alle domande: chi? cosa? dove? quando? perché?

Sempre gli anglosassoni ci hanno trasmesso i tre aspetti fondamentali del giornalismo: **l'ABC**.

- Accuratezza
- Brevità
- Chiarezza

Per **accuratezza** si intende la precisione con cui si tratta un argomento in un articolo. La **brevità** richiede di essere sintetici. Infine, la **chiarezza** impone che l'articolo sia di immediata comprensibilità. Ti consiglio di leggere diversi articoli e recensioni, per farti un'idea su come seguire queste indicazioni.

SEGRETO n. 75: I tre aspetti fondamentali del giornalismo sono: accuratezza, brevità e chiarezza.

Un'altra tecnica fondamentale, per scrivere un articolo di successo, consiste nell'adottare la struttura a **piramide invertita**. In pratica consiste nell'inserire nella parte iniziale dell'articolo le informazioni di maggiore importanza, e poi proseguire con quelle meno rilevanti. Questo è necessario per consentire al lettore di essere interessato, e, di conseguenza, egli leggerà l'intero articolo.

SEGRETO n. 76: Poni gli aspetti fondamentali dell'articolo nella parte iniziale, per attirare il lettore.

Una regola fondamentale è quella di avere le idee chiare e conoscere il tema che devi affrontare. Come fare se non hai già utilizzato tu stesso il prodotto? Ti rispondo con un esempio. Immaginiamo che tu abbia intenzione di scrivere un articolo su un ebook della Bruno Editore, ad esempio Lettura Veloce 3x. Dando uno sguardo al minisito, troverai tantissime informazioni utili per la stesura del tuo articolo, anche se non conosci il prodotto.

SEGRETO n. 77: Studia approfonditamente il prodotto su cui intendi realizzare un articolo.

Ricorda che non devi scrivere un testo pubblicitario, ma qualcosa che contenga notizie interessanti.

Un'esperienza analoga l'ho ottenuta al termine della realizzazione del mio precedente ebook. Siccome la Bruno Editore offre gratuitamente in regalo una serie di bonus, ho pensato di scrivere anch'io un mini-ebook chiamato "Guadagnare Denaro Senza Investire" (scaricalo ora, è gratis!). In fondo, questo mini-ebook potrebbe essere paragonato ad un articolo molto approfondito, che non si limita a pubblicizzare il prodotto da cui è tratto, ma offre una serie di idee interessanti per pubblicizzare prodotti a cui si è affiliati senza spendere soldi.

SEGRETO n. 78: Un articolo non deve essere un testo pubblicitario, ma deve fornire notizie utili ed interessanti.

Per evitare di fare brutte figure, e soprattutto di passare per uno che è tutt'altro che giornalista, fai estremamente attenzione agli errori di ortografia e grammatica. A questo proposito ti può aiutare tantissimo lo strumento "Controllo Ortografia e Grammatica" di Word, o, se necessario, fare un ripassino di grammatica seguendo il link:
http://it.wikipedia.org/wiki/Grammatica_italiana

Ti consiglio inoltre di non utilizzare, nelle stesse frasi, parole uguali. Conviene favorire l'utilizzo dei sinonimi. In rete puoi trovare decine di siti che posso risolverti questo problema, tra cui: http://parole.alice.it/parole/sinonimi_e_contrari/index.html

SEGRETO n. 79: Per risultare professionale, evita assolutamente gli errori di ortografia e grammatica.

Cerca di essere semplice, non solo con le parole, ma anche con gli argomenti. Infatti non conosci il grado di preparazione del lettore. Ad esempio, sempre riguardo l'ebook di lettura veloce, evita di dire: *"In regalo il software FREE-MIND per sviluppare le mappe mentali"*. Meglio usare: *"In regalo un programma per PC per apprendere di più"*. Ti consiglio inoltre di **semplificare** il più possibile le cose utilizzando qualche esempio. Infine rileggi più di una volta accuratamente l'articolo, magari mostrandolo a qualche amico per avere dei consigli.

SEGRETO n. 80: Semplifica l'articolo con parole comprensibili e con esempi.

Al termine dell'articolo non resta altro che pubblicizzare il prodotto completo. Puoi indicare ad esempio: *"Per Approfondire: Lettura veloce 3x di Giacomo Bruno – Disponibile su www.miosito.it"*

Se non puoi utilizzare una pubblicità diretta ed esplicita, puoi far riferimento al tuo sito al centro del discorso. Ad esempio: *"Quando leggi, porta il segno col dito della mano, per aumentare la velocità di lettura, come illustrato nella guida di Giacomo Bruno www.miosito.it..."*

Se invece ti offrono la possibilità di inserire un'immagine, ti consiglio di adottare uno schema del seguente tipo:

da Leggere

Lettura Veloce 3x
Ebook, di Giacomo Bruno
Tecniche di Lettura Rapida e
Apprendimento per Triplicare
la Tua Velocità
www.MioSito.it/LetturaVeloce

SEGRETO n. 81: Pubblicizza il tuo sito d'appoggio nel tuo articolo per guadagnare denaro.

Inoltre ti consiglio di citare sempre nell'articolo la Bruno Editore o il nome dell'ing. Giacomo Bruno. In questo modo potrai approfittare della fantastica offerta di un buono da 50 euro!

Come viene illustrato dal blog, ti viene offerto un buono da **50 euro** da spendere come vuoi sul sito della Bruno editore se hai trovato un nuovo articolo che parla di Giacomo Bruno o della sua casa editrice su qualsiasi rivista. Naturalmente non valgono gli articoli online ma solo quelli su giornali e riviste cartacee. Normalmente, prima di segnalare un articolo, devi controllare che non sia già presente nella Rassegna Stampa, perché il buono da 50 euro è valido solo per gli articoli nuovi di cui la Bruno Editore non è a conoscenza. Ma visto che sei tu l'autore, sicuramente sei tu il primo a comunicarlo. In questo modo così guadagnerai immediatamente i primi 50 euro, anche se non vendi nulla!

SEGRETO n. 82: Indica negli articoli il nome di Giacomo Bruno o cita la Bruno Editore per ricevere un buono da 50€.

Ritorniamo ora alla fase di pubblicazione. Come ti dicevo, visto che probabilmente non sei un giornalista iscritto all'albo professionale, non puoi inviare alla redazione di una grande testata il tuo articolo.

Una possibile soluzione è quella di inviare il tuo articolo ad uno dei numerosissimi giornali **free-press cittadini**. Se scrivi un articolo interessante, è molto probabile che lo pubblichino, anche se non sei un giornalista. Pur trattandosi di giornali piccoli, non pensare che sia poco una pubblicazione del tuo articolo in quel periodico. Infatti essi hanno una tiratura che in genere varia dalle 5.000 alle 20.000 copie. Inoltre questi giornali "cittadini" hanno un elevato rapporto readership/tiratura, e questo significa che i lettori possono arrivare fino a 60.000. Ovvero tutte queste persone possono conoscere il prodotto a cui sei affiliato, senza che tu abbia speso un euro. Immagina quante vendite!

Per inviare un articolo a questi giornali devi cercare la parte dove sono indicati i dati della redazione. In genere c'è una locandina in fondo ad una pagina, dove è possibile trovare una casella email della redazione o addirittura un sito web. Puoi inviare il tuo articolo utilizzando questi indirizzi. Se questi dati non sono forniti, cerca la sede della redazione (è obbligatorio per legge indicarlo), in questo caso puoi spedire per posta il tuo articolo.

SEGRETO n. 83: Per avere maggiori possibilità di pubblicazione, invia alle redazioni di free-press cittadini i tuoi articoli.

Puoi sempre fare un tentativo di inviare un tuo articolo ai giornali e alle riviste "medie". La selezione sarà molto difficile, ma se proponi un articolo **interessante ed originale** puoi avere successo. Ad esempio, nelle edicole girano tantissime riviste informatiche, che trattano tanti argomenti, tra cui: internet, programmazione, software, reti.

Un articolo attinente e originale in queste riviste può essere quello di un prodotto della Bruno Editore per la crescita finanziaria online:

- Fare Soldi Online in 7 giorni
- Fare Soldi Online con eBay
- Fare Soldi Online con Google

- Fare Soldi Online con Blog e MiniSiti
- Guadagnare con Emule e Youtube

Si tratta di argomenti attinenti alle riviste informatiche, perché comunque si rivolgono al mondo di internet e per di più sono molto originali ed interessanti. Tra le principali riviste informatiche ci sono:

PC Professionale	http://www.pcprofessionale.it
PC Open	http://www.pcopen.it
Quale Computer	http://www.qualecomputer.it
CHIP	http://www.chip.it
PCWorld Italia	http://www.pcw.it
Computerworld Italia	http://www.cwi.it
Win Magazine	http://www.winmagazine.it
PC Magazine Online	http://www.pcmag.com
Computer Idea	http://www.computer-idea.it

Altre riviste informatiche le trovi sul sito Web Riviste.

Naturalmente non devi pubblicare articoli solo nelle riviste informatiche. Ti consiglio di andare in giro per le edicole, di annotare i nomi delle riviste che ritieni più adatte ai tuoi articoli e di cercare il loro nome su Google. Sicuramente possiederanno il loro sito ufficiale, tramite cui potrai contattare la redazione.

Per fare prima, e per avere un riscontro immediato, puoi fare una ricerca sul sito Riviste.

Nella home page di ciascun sito, puoi trovare l'email della redazione, a cui puoi inviare il tuo articolo. Ti consiglio di mettere anche una tua breve presentazione.

SEGRETO n. 84: Invia articoli originali ed interessanti ai siti delle redazioni di riviste.

Se intendi scrivere articoli sui prodotti della Bruno Editore, sei molto avvantaggiato. Infatti, oltre a ricevere il bonus da 50€, puoi spiegare che la casa editrice è leader nel settore e risulta tra i Top 100 dei siti internet Italiani. È un biglietto da visita molto efficiente!

Un altro sistema per “entrare” in una testata giornalistica media o grande, consiste nell’affidare la tua idea o il tuo articolo ad un giornalista, tramite i **Comunicati Stampa**.

Grazie all’avvento di internet, questa forma di diffusione verso la stampa, si ottiene in un modo estremamente semplice tramite la piattaforma online. Innanzitutto devi cercare i vari circuiti di comunicati stampa presenti in rete. Puoi effettuare semplicemente una ricerca su Google, indicando i seguenti termini:

pubblicare comunicato stampa

inviare comunicato stampa

article marketing

invio comunicato stampa

SEGRETO n. 85: Ricerca su Google i principali circuiti di comunicati stampa.

Purtroppo, anche in questo caso, ci sono siti poco affidabili, quindi prima di inviare il tuo articolo, ti consiglio di informarti sull’azienda che fornisce il servizio. Un portale serio deve avere una pagina dedicata alla storia della società, in genere denominata

"Chi Siamo", dove vengono indicate le informazioni fiscali: nome società, sede legale, partita iva.

Per non perdere tempo, ti consiglio di dare uno sguardo ai link proposti nel sito HTML.it, che indica diversi indirizzi web per fare comunicati stampa in modo sicuro.

Dopo aver scelto una serie di siti, devi registrarti, avendo cura di inserire dati veritieri. Normalmente ti viene richiesto in quale categoria vuoi far apparire il tuo articolo. Tra le tante proposte cerca quella più attinente al tuo argomento. Infine puoi passare all'inserimento del testo relativo al tuo articolo già elaborato. Ricorda di rispettare le regole che ti ho indicato precedentemente.

SEGRETO n. 86: Registrati ed invia i tuoi articoli ai principali siti di comunicati stampa.

RIEPILOGO DEL GIORNO 8:

- SEGRETO n. 72: Gli articoli giornalistici possono includere pubblicità.
- SEGRETO n. 73: L'Article Marketing è una potentissima forma pubblicitaria a zero spese.
- SEGRETO n. 74: Un articolo giornalistico deve rispondere alle domande: chi? cosa? dove? quando? perchè?
- SEGRETO n. 75: I tre aspetti fondamentali del giornalismo sono: accuratezza, brevità e chiarezza.
- SEGRETO n. 76: Poni gli aspetti fondamentali dell'articolo nella parte iniziale, per attirare il lettore.
- SEGRETO n. 77: Studia approfonditamente il prodotto su cui intendi realizzare un articolo.
- SEGRETO n. 78: Un articolo non deve essere un testo pubblicitario, ma deve fornire notizie utili ed interessanti.
- SEGRETO n. 79: Per risultare professionale, evita assolutamente gli errori di ortografia e grammatica.
- SEGRETO n. 80: Semplifica l'articolo con parole comprensibili e con esempi.

- SEGRETO n. 81: Pubblicizza il tuo sito d'appoggio nel tuo articolo per guadagnare denaro.
- SEGRETO n. 82: Indica negli articoli il nome di Giacomo Bruno o cita la Bruno Editore per ricevere un bonus da 50€.
- SEGRETO n. 83: Per avere maggiori possibilità di pubblicazione, invia alle redazioni di free-press cittadini i tuoi articoli.
- SEGRETO n. 84: Invia articoli originali ed interessanti ai siti delle redazioni di riviste.
- SEGRETO n. 85: Ricerca su Google i principali circuiti di comunicati stampa.
- SEGRETO n. 86: Registrati ed invia i tuoi articoli ai principali siti di comunicati stampa.

Conclusione

Le informazioni che hai trovato in questa guida elettronica ti hanno illustrato le tecniche ed i segreti per avviare con successo una vera e propria attività su internet.

Ora tocca a te!

Rileggi la guida per approfondire meglio i concetti, applica **tutte** le tecniche, i trucchi e i segreti illustrati in questo libro -senza escluderne nessuno- e avvia subito il tuo business con la Pubblicità Giornalistica.

La Pubblicità Giornalistica è una potenza immensa. I risultati non tarderanno a venire e saranno **eccellenti**. Ma ricorda che questo è possibile solo se alla base vi sono i tre pilastri per ottenere una rendita economica: l'**impegno**, la **determinazione** e le **strategie giuste**. Se uno di questi fattori risulta mediocre o se addirittura manca, preparati ad ottenere dei risultati scadenti. In questa guida ti ho fornito le strategie giuste, il resto è a carico tuo. Non lasciarti sfuggire questa opportunità, i soldi non piovono dal cielo. Sfrutta le preziosi informazioni contenute in questa guida ed inizia subito a lavorare, mettendo in pratica ciò che hai imparato.

Inizia immediatamente con l'iscrizione a tutti i programmi di affiliazione illustrati. Applica **tutte** le strategie gratuite indicate, avendo cura di non dimenticarne nessuna. Sfrutta la potenza degli annunci economici e degli articoli, in linea con le tecniche illustrate. Ricorda che il successo e il guadagno sarà proporzionale alla **qualità** ed alla **quantità** del tuo lavoro.

Quando ti sentirai pronto potrai passare alla parte relativa agli investimenti, iniziando da quelli più bassi. Se ci metterai impegno, sono sicuro che riceverai ottimi ritorni economici, fino a passare rapidamente a investimenti superiori con risultati, in termini di profitti, ancora più elevati.

Buon Lavoro!

Vincenzo Iavazzo

Azione

1. **Registrati nei principali programmi di affiliazione su internet.**
2. **Pubblicizza i prodotti a cui sei affiliato e promuovi la tua attività con annunci economici e locandine pubblicitarie.**
3. **Scrivi e invia alle redazioni e agli uffici stampa numerosi articoli pubblicitari.**
4. **Guadagna tanti soldi.**

www.ingramcontent.com/pod-product-compliance
Ingram Content Group UK Ltd.
Pitfield, Milton Keynes, MK11 3LW, UK
UKHW022023190726
13853UKWH00005B/2088